INTERIOR
MATERIALS & SURFACES
THE COMPLETE GUIDE

インテリア材料活用ハンドブック

The Complete Guide to Materials and Surfaces

決定版

ヘレン・バウアーズ 著
鈴木宏子 訳

Published by Firefly Books Ltd. 2005
Copyright © 2004 Ivy Press Limited

All rights reserved. No part of this publication may be reproduced, stored in a retrieval system, or transmitted in any form or by any means, electronic, mechanical, photocopying, recording or otherwise, without the prior written permission of the Publisher.

Creative Director – Peter Bridgewater
Publisher – Sophie Collins
Editorial Director – Jason Hook
Design Manager – Simon Goggin
Senior Project Editor – Caroline Earle
Designer – Joanna Clinch
Photographer – Calvey Taylor-Haw

ACKNOWLEDGMENTS

The publisher would like to thank the following for their assistance and for the loan of materials:

African Treasures, Harrow
Atlantic Rubber Ltd., Altrincham
Auro Organic Paints, Saffron Walden
Barron Glass, Cheltenham
Teresa Bell, Selby
Berwyn Slate Quarry Ltd., Llangollen
Bridgwater Filters Ltd., West Bromwich
R. K. Burt & Company Ltd., London
Chameleon Collection, Alcester
Kenneth Clark Ceramics Ltd., Lewes
Divine Art & Craft Ltd., Horsham
Edelman Leather, New Milford
English Hurdle Somerset, Taunton
Fabulous-Furs, Covington
Flecotex, Alicante
Forbo-Nairn Ltd., Kirkcaldy
Foundry Art Fine Bronze, Chicago
International, St Ives
Ipswich Plastics Ltd., Ipswich
Lochcarron of Scotland, Galashiels
Luxcrete Ltd., London
Med Imports, Augusta
MLC Ltd, Lincoln
Natural Cork Inc., Augusta
Old Village Paints Ltd., Fort Washington
Plastic Extruders Ltd, Wickford
Puddle Lodge Crafts, Aberdeen
The Real Sheepskin Association, Northampton
Ruabon, Wrexham
Simply Stained (David Lilly) Brighton, *www.simply-stained.co.uk*
Smith Brothers Ltd., Portsmouth
SPA Laminates Ltd., Leeds
Stevensons of Norwich, Norwich
Talisman Handmade Tiles, Chicago
Terrapin Tile, Roscommon
Jo Vincent Glass Design, Kendal
Welsh Slate, Bangor
Wessex Resins & Adhesives Limited, Romsey
Wookey Hole Papermill, Wookey Hole
The York Handmade Brick Co. Ltd., York

本書に掲載した内容の正確性については万全を期しておりますが、本書はあくまで資料書であり、至当なケースにおける専門家からの専門的な助言に代わるものではないことをお断りします。

目次

はじめに	6
木材・複合木材	10
ゴム・プラスティック・樹脂・リノリウム	40
金属	64
ガラス	88
ファブリック	100
紙	132
皮革	150
ペイント・ニス・ラッカー	162
石材・陶磁器・タイル	192
コンクリート・セメント	218
プラスター・複合プラスター材	236
問い合わせ先	248
用語集	250
索引	254

はじめに

　本書は、建築士やデザイナー、建設業者に相談または依頼する際や、住まいに手を入れたり装飾をする時に使っていただきたい実用的なハンドブックです。本書の目的は、自信を持って素材を選択・検討していただけるような情報源となり、さらには新しい素材に目を向ける、ありふれた素材を今までにない視点から見る、伝統的または革新的な素材をユニークな形で組み合わせたり活用したりするためのきっかけやヒントを提供することです。

　取り上げた素材には、文明が芽生えた当初から使われてきたもの、最近開発されたもの、かつて広く人気がありながら現在は（おそらく一時的に）廃れているものなどが含まれています。住まいを飾ったり、新たに生まれた素材を構造材や装飾材に使ったりする時、私たちは家を住みよくし、装飾するという連綿と続く伝統に関わっていることになります。木材・石・最新のハイテクなガラス・金属・プラスティック製品、そのどれを選んだとしても、家を築くというきわめて基本的な本能を満足させる慣習をつむいでいるのです。

　人間はテントやティピー、小屋を作った当初から、またはただ洞窟で雨風をしのいでいた頃から、生活する空間を飾って家具を置こうとしていました。快適性を高め、特別な雰囲気を作り、我が家と定めた場所に自分らしさを出すためです。植物性の顔料と動物の油脂で洞窟画を描くのが最古の形ですが、技術が発達するとともに種々の素材が手に入るようになりました。それが装飾用の素材や技術の発達史にも反映されています。社会全体や工業に向けた素材が新開発されると、ほとんど間を置かずして家庭で個人が使えるものに改良されるのが常でした。手作りのものも工業生産によるものも素材は洗練され続け、求められる機能を満たすに飽きたらず、次第に装飾的レベルに達しました。

石細工は美しくテクスチャー豊かに仕上げられ、暖炉やパネル材などの石製調度品は複雑な形に成形され、込み入った模様を彫り込まれました。ブラケットやトラス、蝶番、道具、家庭用品に用いられる金属細工はエレガントな形をまとい、機能には関係ない模様にまで配慮が加えられました。

　家庭内にモダニズムが顔を出したのは1930年代ですが、以来、住まいに使う素材や日常生活を取り巻くインテリア類でも革新が伝統を追いやり始めました。本来の目的が風雨をしのぐためだけのものは、その多くが高性能の製品に取って代わられました。ですが、構造材としては利用されなくても、昔ながらの素材は今も需要があります。周囲の街並みや環境などに脈打っている伝統と視覚的な結びつきを作るためです。

　現在はスタイルについてどの時代よりも多くの選択肢がありますし、望むスタイルのインテリアにする手段も実に豊富です。田園風・ヒストリカル・トラディショナル・モダン・ポストモダン・現代的・アットホーム・フランボワイヤン風などから選べるのはむろん、それを形にする方法としても、昔から使われてきた素材を用いる、または最新のテクノロジーと新開発の素材および技術を利用する、そのいずれを選ぶことも可能です。こういう点に関して決める際は予算や頼れる技術の持ち主がいるかどうかを考慮する必要がありますし、防音や断熱、耐久性などに関して現在新たに求められる条件、そして種々の素材を使うことで地球環境にどんな影響が及ぶかという現代ならではの懸案も知っておかねばなりません。

　つまり、可能性が増えても選択が簡単になったわけではないのです。気に入った素材や仕上げがあっても使い方がよくわからない、特別な処理が必要な部屋なのにどうすればよいか不明、そんなことが往々にしてあるものです。本書はそういう時に役立ちます。

特定の目的に、ある仕上げや素材が適しているかどうか疑問を持った時は答えが載っていますし、ちょっと変わったアイディアをコンサルタントやデコレーターと検討する際などにスムーズに話を進めるための技術情報も得られます。

　また、よく知っている素材を新たな視点から見る、または利用できる材料について視野を広げるのにも役立ちます。何世紀も受け継がれてきたやり方とほとんど変わらない手法で今も製造されている皮革や紙などの素材を生かすアイディアのほか、プラスティックや金属ネットという非伝統的な装飾素材についても、膝を打ちたくなるようなヒントを記してあります。読み進んでいく内に、費用の面から選択肢に入れなかった素材を再検討したくなるかもしれません。大理石やスチールなどは昔から贅沢な仕上げ材とされていますが、現在は加工が高度に機械化され、製作過程にもコンピューターを用いるようになったため、十分手が届きます。少量から、または家庭内で使える形で簡単に購入することも可能です。コストについては1から5の段階に（非常に低い・低い・中程度・高い・非常に高い）分けてあります。

　利用したい素材についてよく分かる実用的なハンドブックとして使えるのはむろん、資料集としても役立ちます。今まで知らなかったけれどもこれは使えるのでは、という仕上げ材や効果がきっと見つかります。建築業界で広く利用され、家庭内でも全く問題なく使えるのにまだ普及していない素材は数多くあります。それに産業または企業ユースに開発された素材でも、今は一般的に購入できるものが増えています。そんな素材が商業界にもたらしたメリットの恩恵を、誰もが受けられるわけです。たとえばコンクリートは型破りな混和剤や顔料、骨材を利用することで常識にとらわれない使い方の可能性が広がり、個人レベルで求められる仕様にきめ細かく対応したものを作ることができ

はじめに

ます。身近な素材であるガラスも、日光を遮るなどの特殊な性質を備えつつ、構造安定性についての厳密な条件を満たすものが開発されています。この種の先端材料は様々な装飾効果を持たせることも可能ですし、自宅に使わない手はありません。

　不慣れなことに着手する時は、素材をよく知る技術者を見つけ、その立ち会いのもとに個人的な用途に合った素材を工夫してもらうことをぜひお勧めします。たとえばスチールやガラスなどの場合、詳細な計算はもちろん、部品製造に大がかりな工場設備が必要です。こういう素材を大胆に利用してみたいと思っても、素材の特質に通じたコンサルタントや組み立て加工業者がいないと無理でしょう。それでも、積極的に新境地を開き、あなたのビジョンに喜んで答えようとしてくれる業者さんはどの分野にもきっといるものです。本書には家庭でハサミと糊を手に取りかかれる紙やファブリックの利用法から、プロフェッショナルと専門卸業者、建設業者でチームを組む必要のあるプロジェクトまで、ほとんどのレベルのアイディアが載っています。

　ただし本書はあくまで参考書であり、専門家のコンサルテーションに代わるものではありません。建築工事のプランを進める場合、大仕事をこなす一番の方法は、依頼した建築家やデザイナー、技術者に明確な指示を出せるようにし、後は一歩下がって相手の経験と腕を信用して任せておくことです。ご自分で作業を手がけられる際も、クライアントとして情報源にする場合も、本書に記載した解説から、定型的な用途を超えた使い方のヒントが得られることと思います。ともあれ、本書が手元にあればより広い知識を得て、手が届くはずの素晴らしい可能性に向けて自信を持って選択できるようになるでしょう。

木材・複合木材

　木は日常生活の中に広く溶け込んでいるため、あまり気にも留められません。多くの地域で昔から主要な建材として用いられ、世界中のほとんどどこでも手に入ります。採取や輸送も容易で、手作業でも簡易な工作機械でも加工できます。

　伐採された木は材木と呼ばれ、硬材（堅材）と軟材に分類されます。ただしこれは密度を元にした一般的な分類なので、実際は、軟材とされる多くの木より柔らかい硬材もあります。硬材は落葉樹から取れる材木です。落葉樹は秋になると葉を落とし、比較的ゆっくり成長します。軟材は温帯で育つ常緑樹から取るのが普通です。この種の常緑樹は細く鋭い針葉を持ち、球果という果実をつけます。軟材は天然樹脂を豊富に含み、硬材よりもやや早く成長します。木材として利用される木は400種類ほどで、さまざまな木材が作られています。歴史的に見ると、家庭で好んで使われる木材の変遷には、交易の広がりや帝国の建設に伴ってマホガニーやシタンなど異国物が好まれ、地元で採取される木材が利用されなくなるという歴史が反映されています。最近では皆伐による熱帯林の荒廃が認識され、異国の木材に対する需要に変化が見られますが、経済を硬材の生産に頼っている国も多いため、育成林から得られる硬材が増えています。

木材は細胞を形作るセルロースと細胞を結びつけるリグニンからなる生きた素材です。細胞は湿気を吸収・放出すると膨張・収縮しますから、必然的に木材も膨張・収縮します。伐採されて長期間経った製材も同じです。木床の周囲に膨張分の余裕を取っておく必要があったり、古い家屋でセントラルヒーティングの乾燥作用がトラブルを起こしたりするのはそのためです。木が異なれば密度や木目、色合いなど木材が本来備えている性質も多岐に渡るわけで、適した用途も違ってきます。

　外壁や屋根材はもちろん、構造材・窓・ドア・階段・床・収納設備に至るまで、どんな家屋でも多かれ少なかれ木が使われているものです。無骨なテーブルやベンチから、木目豊かな木を素材に細かく旋盤仕上げした家具（彫刻や精細な装飾を施され、高価な素材を象嵌されたものもあるでしょう）に至るまで、世界中で家具の基礎材料としても使われています。今は機械化の進行や技術の発達、それに現代的な生活のニーズなどから、木に代わる素材として、ローコストで使いやすく、メンテナンスの手間がほとんど不要な新製品が市場に出回っています。とはいえ、この手の製品は木材ほどスタイルや暮らしの変化に順応性がないのが普通ですし、天然木の表面材が持つほっとするようなぬくもりと手触りは、いつの時代も変わることなく愛されています。

WOOD • RUBBER, PLASTIC, RESIN & LINOLEUM • METAL • GLASS • FABRIC • PAPER • LEATHER • PAINT, VARNISH & LACQUER • STONE, CERAMICS & TILES • CONCRETE & CEMENT • PLASTER

軟材

軟材は北米や北ヨーロッパに自生する針葉樹から取れます。様々な形やサイズの木材が得られ、建設業では建材や造作用材として広く使われていますし、家具材や表面仕上げ用としても一般的な素材です。軟材は取り扱いが簡単で、環境にやさしい、スタンダードな素材といえます。

特徴：軟材として一番よく利用されるのはトウヒ、ベイマツ、ポンデローサマツ、ベイツガ、ベイスギです。軟材は熱と湿気によって膨張・収縮し、白または黒っぽく変色することもあります。硬材より密度が低いため防音材や断熱材としての性能に優れます。頑丈ながら柔らかく、手作業でもハイテク機器でも加工できます。柔軟性があって強靭な上、ラミネート（積層）構造（薄い層を複数貼り合わせること）にすることで強度が増します。圧力注入処理によって耐水性が向上しますが、この処理を行うと薄く緑色を帯びます。直線的な木目と均質な組織構造はペイント・ステイン・オイル仕上げに最適です。

用途とメンテナンス：屋外では家具・造園・ウッドデッキなどの用途に適しています。防水効果のあるステインかニス、屋外用ペイントでシールします。屋内では家具・床材・トリムに使われます。軟材は旋盤加工によって手すり子にされるほか、本棚や羽目板用の複合ブロックボードとしても利用されます。材木は使用に先立って現場で2〜3週間慣らしておき、ペイント・ステイン・ニス・オイルなどでシールして耐久性を持たせます。処理済みの木材はシーラントの条件に合わせてクリーニングする必要があります。表面が傷ついたらサンディングして傷を埋め、再仕上げをして補修することができます。

安全性と環境性：軟材は再生可能な資源から得られる、自然かつ無公害の素材です。管理された持続可能な森林から切り出された認定木材には証印があり、トラッキングシステムによる流通品であることが保証されています。

入手先：挽き材またはカンナ仕上げ材は材木店ですぐ手に入ります。ドア枠、クラウンモールディング、その他のトリムなどに使うプロファイル形モールディングも同様です。

コスト：1　非常に低い。

仕様：様々なサイズ・長さの規格品や特殊形状品があり、挽き材またはカンナ仕上げ材、節材または無節材などの等級に分けられます。

WOOD • RUBBER, PLASTIC, RESIN & LINOLEUM • METAL • GLASS • FABRIC • PAPER • LEATHER • PAINT, VARNISH & LACQUER • STONE, CERAMICS & TILES • CONCRETE & CEMENT • PLASTER

硬 材

硬材は落葉樹から取れ、様々な形とサイズがあります。建材や造作用材のほか、表面仕上げ材、家具、ボウル・キッチン用品・照明器具などのクラフト品などに使われます。木の種類が極めて豊富な上に木目にバリエーションも多いため、数え切れない程の色や模様が生まれます。硬材が持つ豊かな色合いと自然な美しさからは贅沢感が醸し出されます。

特徴：硬材は針葉樹（参照→p.13「軟材」）よりも育つのが遅いため、より強くて密度の高い、均質な木材になります。種によって強度は大きく異なり、販売されている内で一番硬い木材であるヒッコリーは、「柔らかい」硬材であるポプラの5倍の硬さがあります。欧米で生産されるオーク・トネリコ（アッシュ）・カエデ・ブナ・サクラ・クルミなどは北米と北ヨーロッパに分布しています。南米やアフリカ、アジアの熱帯林から輸入される硬材では、イロコ、マホガニー、シタン、チークがよく知られています。この種の木材で自然に生育したものは特に硬いものが多く、ほとんど水を浸透させない木材もあります。硬材は手作業でも機械でも加工できます。やはり膨張・収縮し、年月の経過につれて変色します。軟材より耐火性に優れますが、炭化すれば強度が落ちますので、構造材に使う際はこの点を計算に入れておく必要があります。

用途とメンテナンス：耐候性ニスでシールして、屋外用の家具や構造材に用います。屋内では美しさゆえに見せる素材として扱い、露出した構造材や床材、階段段板・ドア・家具などの造作用材として使います。積層材としては化粧板（カバー用）と平板（棚用）があります。材木は使用に先立って現場で2〜3週間慣らしておき、ニスかオイルでシールします。処理済みの木材はシーラントの条件に合わせてクリーニングする必要があります。サンディングして再仕上げをすれば補修できます。

安全性と環境性：北半球の硬材は持続可能な森林で育てられるのが普通です。熱帯の硬材には育成林から得られるものもありますが、輸送経路が複雑な上、確実に正規の生産者から購入するのは難しいのが現状です。認定木材には証印があります。

入手先：材木店やホームセンターから直接購入できます。再生品の床材やドアは建築資材リサイクルセンターや古材取扱店で見つけられます。

コスト：4　高い。

仕様：様々なサイズ・長さの規格品や特殊形状品があり、挽き材またはカンナ仕上げ材、節材または無節材などの等級に分けられます。

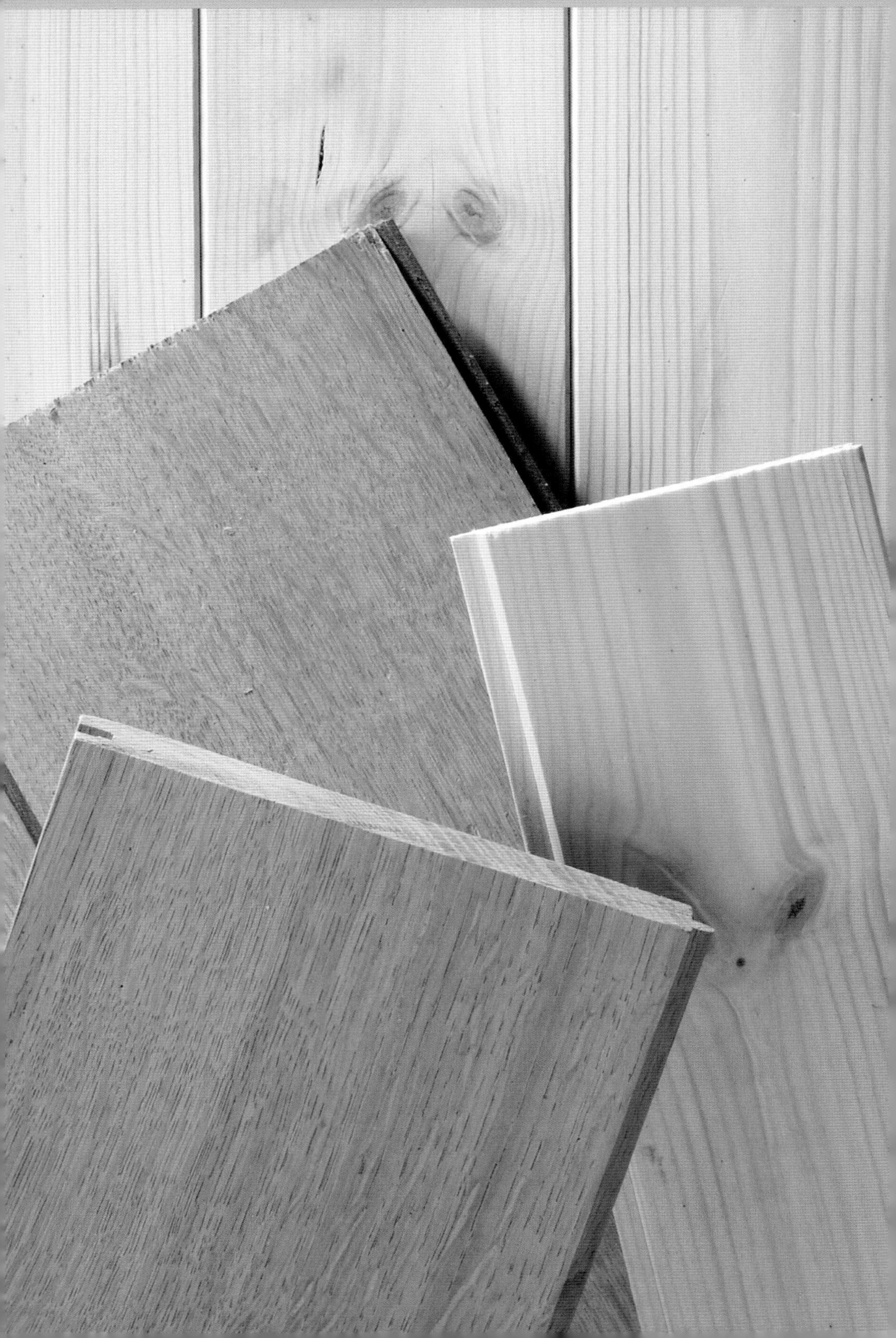

さねはぎ継ぎ板

さねはぎ継ぎ（T&G）板は機械加工された板材で、片方の縁から突き出した「さね」を、隣接する板の、対応する溝にはめ込む作りになっています。接合部の溝を見ると、よく入隅形（面同士が交差してできるへこんだ形、通常はV字形）になっています。さねはぎ継ぎ板はトラディショナルな羽目板仕上げから、田園風またはこぎれいでモダンな床板まで、様々な表情を作り出すことができます。

特徴：さねはぎ継ぎ板による羽目板には軟材を使うのが普通で、よく幅木と組み合わせられたり、モールディング（腰長押など）を上に付けたりします。板はピンかクリップで軟材の胴縁に固定します。さねはぎ継ぎによる羽目張りはしっかりした均質な仕上げになり、はげかけたプラスターを隠すこともできます。壁の防音性と断熱性を多少上げる効果がありますし、丈夫な壁装材にもなります。さねはぎ継ぎの床板は集成材か硬材のムク材を使うのが普通で、滑らかな仕上げにするため接合部の溝は最低限に抑えてあるか、または全くありません。

用途とメンテナンス：さねはぎ継ぎの羽目張りはフォーマルな部屋にトラディショナルな表情を醸し出します。バスルームに使えば船やコテージ風の雰囲気が出ます。配管を隠す、またはバスタブ側面に張るなどの使い方もありますが、直接水がかかる場所には向きません。さねはぎ継ぎの床板は床張り板や下地の上に敷くことができるので、下張りのコンディションに左右されません（状態のレベルによります）。下に床下暖房を設置できるタイプもありますが、木材が熱の一部を吸収してしまいます。多少の傷やへこみを気にしないなら、軟材の板を床に敷けば安価です。床板の多くは木材の寿命を延ばすため、耐久性を増すプレ（工場）処理が施されています。ペイントまたはステイン、ニスを塗る際は、必ず板の6面すべてをカバーするようにします。メンテナンスは仕上げによって変わります。

安全性と環境性：さねはぎ継ぎ板は再生可能な資源から得られる毒性のない自然素材なので、環境に優しい資材です。管理された持続可能な森林から切り出された認定木材には証印があり、トラッキングシステムによる流通品であることが保証されています。

入手先：さねはぎ継ぎ板は材木店か建築資材取扱店で手に入ります。さねはぎ継ぎ用の硬材または集成材の床板は床材製造会社かホームセンターで購入できます。

コスト：2／3〜4　軟材のさねはぎ継ぎ板：低い。硬材または集成材の床板：中程度〜高い。

仕様：軟材のさねはぎ継ぎ板は様々なサイズの規格品があります。硬材または集成材の床板は木材の種類が多く、等級もいくつかあります（一等（節が多数ある）〜無節）。通常はプレ処理されています。

WOOD • RUBBER, PLASTIC, RESIN & LINOLEUM • METAL • GLASS • FABRIC • PAPER • LEATHER • PAINT, VARNISH & LACQUER • STONE, CERAMICS & TILES • CONCRETE & CEMENT • PLASTER

合板

合板はごく初期の木材工学による製品なので、薄板材の原点と考えられます。多様な規格と仕上げがあり、各種の組み立て材に向いています。製造工業・建築材・DIY用材・作り付け家具内装の表面材（枠材）などがその例です。効率よく作れるので、極めて安価な木材です。

特徴：合板はベニア（薄板）の木目方向を直交させて重ね、耐水性の樹脂接着剤で貼り合わせてから熱をかけて圧着します。ベニアの材料にはベイマツ・ポプラ・カバがよく使われます。合板は衝撃（および十字引っ張りと斜め方向の引っ張り）に極めて強く、軽量で、一般的な道具と機械で簡単に加工できます。湿気にさらされても形質の安定性が高く、普通は乾燥すれば元の厚さに戻ります。ベニアや接着剤、処理法によって屋内用と屋外用にランク付けされます。たとえばマリン合板やWBP（防水・耐煮沸）合板は熱処理と加圧処理が施され、耐水性が向上しています。ごく薄いハイグレード合板（フレキシブル合板）は一方に曲げることができます。

用途とメンテナンス：合板は昔から建築材、デッキ材、フレーム材として用いられています。現在は本来の性状を隠すのではなく強調するような、素材がそのまま見えるような状況でも利用されます。見た目の差が非常に大きいため、必ず1枚ずつ吟味して選ぶようにします。ノコギリで切る・サンディングする・ドリルで穴を開ける・釘を打つ・接着剤で貼る・仕上げを施すなどの加工が可能で、棚・家具・パネル用にも使われます。キッチンのカウンターにも向いています。サンディングして形を整えれば、縁に積層構造が見えてとても印象的なカウンターになります。ただし、露出している面はすべて丈夫なニスで仕上げる必要があります。寿命を延ばすため、ペイントかステイン、ニスでどの面も残さずシールします（塗りを重ねる際は次のコーティングをする前にサンディングします）。可燃性なので構造材として使う際は保護策が必要です。傷ついたらサンディングして再仕上げをすれば補修できます。

安全性と環境性：ほとんどの合板は育成林から伐採された木材で作られ、認証機関のマークがついているはずです。ベニアは丸太のカーブにそって皮をむくように切削して得るため、無駄を最小限に抑えて原木を有効利用できます。

入手先：材木店やホームセンターで手軽に入手できます。

コスト：2　低い。

仕様：通常サイズの板は1,220×2,440㎜、厚さは数㎜刻みで4〜25㎜。等級によっては最大1,220×3,000㎜、厚さも標準より厚いまたは薄いものもあります。

WOOD • RUBBER, PLASTIC, RESIN & LINOLEUM • METAL • GLASS • FABRIC • PAPER • LEATHER • PAINT, VARNISH & LACQUER • STONE, CERAMICS & TILES • CONCRETE & CEMENT • PLASTER

パーティクルボード

パーティクルボードはチップボードとも呼ばれ、低価格でベーシックな粗材です。木のチップを板状に成形して作られます。実用第一の素材で、パーティクルボード自体が仕上げ材や表面材として使われることはまずありません。建築産業および家具メーカーでフレーム材や基材に用いられるのが普通です。成形済みの棚材やワークトップに使われる積層材や化粧板の下地としても利用されます。

特徴：パーティクルボードは木のチップを合成樹脂接着剤で固め、熱圧成型して作ります。ノーマル・ミディアム・高密度の等級があります。加工処理をして、難燃性や耐湿性を持たせてあるタイプもあります。特別な加工処理をしたものは別ですが、どの等級も湿気に弱く、水分を含むとふくらんで壊れます。引っ張り強度に優れ、衝撃にも強い素材です。乾燥した環境であれば耐久性も抜群です。表面と側面、縁も目が粗いのが特徴です。

用途とメンテナンス：最もハイグレードの耐湿パーティクルボード以外は、どれも屋内での用途に限られます。他の仕上げ材の下地向きの安価な素材で、メラミンでラミネートして二次成形し、キッチンのカウンタートップなどに用います。化粧板を張って組み立て家具の材料にすることもよくあります。骨組みや、ラフな仕上げが求められる棚材に用いられたり、糊付きビニールシートでカバーして、ごく廉価な棚やパネル板にすることもあります。さねはぎ継ぎ板に加工して床材に用い、木製の浮き床やカーペット敷きの下地に使うこともできます。ニスを塗って壁板にし、シンプルながら丈夫な木壁を作るアイディアも考えられます。表面がラフで吸収性があるため細かいペイント作業には向きませんが、防水ペイントを塗って水分を吸いにくくする手もあります。

安全性と環境性：ほとんどのパーティクルボードは育成林の木材から木を無駄なく活用して製造され、認証機関のマークが付いています。

入手先：材木店や建築資材センターで、板材やプレカット材、メラミンや単板を張った棚材が容易に入手できます。キッチンや組み立て式家具のメーカーの製品にも利用されています。

コスト：1　非常に低い。

仕様：1,220×2,440㎜の標準サイズの板は、通常厚さ18または22㎜。
ラミネート加工のカウンタートップは幅600㎜または900㎜、厚さ40㎜。

WOOD • RUBBER, PLASTIC, RESIN & LINOLEUM • METAL • GLASS • FABRIC • PAPER • LEATHER • PAINT, VARNISH & LACQUER • STONE, CERAMICS & TILES • CONCRETE & CEMENT • PLASTER

集積ブッチャーブロック

ブッチャーブロックは硬材を材料にした一様な小幅板を並べ、木目をそろえて接着し、分厚く重い板に成型した集積板です。こうしてできたブロックの主な用途は、堅牢性が求められる木製カウンター、またはキッチンのバックスプラッシュ（はねよけ板）です。カウンターにも向き、幅の広いムク材ではゆがんだり傷がつく恐れがあるケースにも使えます。小幅板の幅によってどっしりした表情にもエレガントな感じにもなります。

特徴：ムクの硬材（4cm幅が一般的）の小さい板を接着剤で圧着することで、このように独特な製品ができあがります。材料にはオーク・サクラ・カエデ・ブナ・クルミ・イロコなど様々な木が使われます。構造上、極めて組織が緻密で耐久性があり、まず反りません。摩耗や高温、衝撃にも強いのですが、蒸気に繰り返しさらされるとダメージを受けます。適切なシーラントで処理すれば家事などによる汚れは付きませんが、液体をこぼしたらすぐに拭き取る必要があります。頑丈で手作業でも工作機械でも簡単に加工できます。触感がよく、丈夫で豪華です。

用途とメンテナンス：ブッチャーブロックは無処理のものと、湿気と蒸気に影響されないようプレシールされたものがあります。処理されていないものは設置する前に下塗りしてすべての面をシールしておきます。カウンタートップはオイル仕上げが適切ですが、下側と側面はシールしなければなりません。現場で2週間ほど慣らして寸法を整えておく必要がありますが、水がかかるような場所は避けます。皿洗い機上のカウンタートップに使う場合は、下側に防湿性の断熱シートをはさんで蒸気から保護します。テーブルトップやバックスプラッシュ、棚板にしても魅力的です。傷ついたらサンディングして傷を埋め、再仕上げをして補修できます。オイルを塗るとナチュラルな表情が出せますが、1年に1回は再塗布する必要があります。耐久性を高めたい場合はニス仕上げをします。

安全性と環境性：ほとんどのブッチャーブロックは育成林から得られる木材で作られ、小さな板を有効利用するので無駄がありません。

入手先：材木店やホームセンター、化粧板・造作部材専門店やキッチン設備専門店で手に入ります。

コスト：4　高い。ただし木材によります。

仕様：通常、幅600mmまたは900mm、長さ1,000・2,000・3000mm。板厚は22mm〜40mmです。

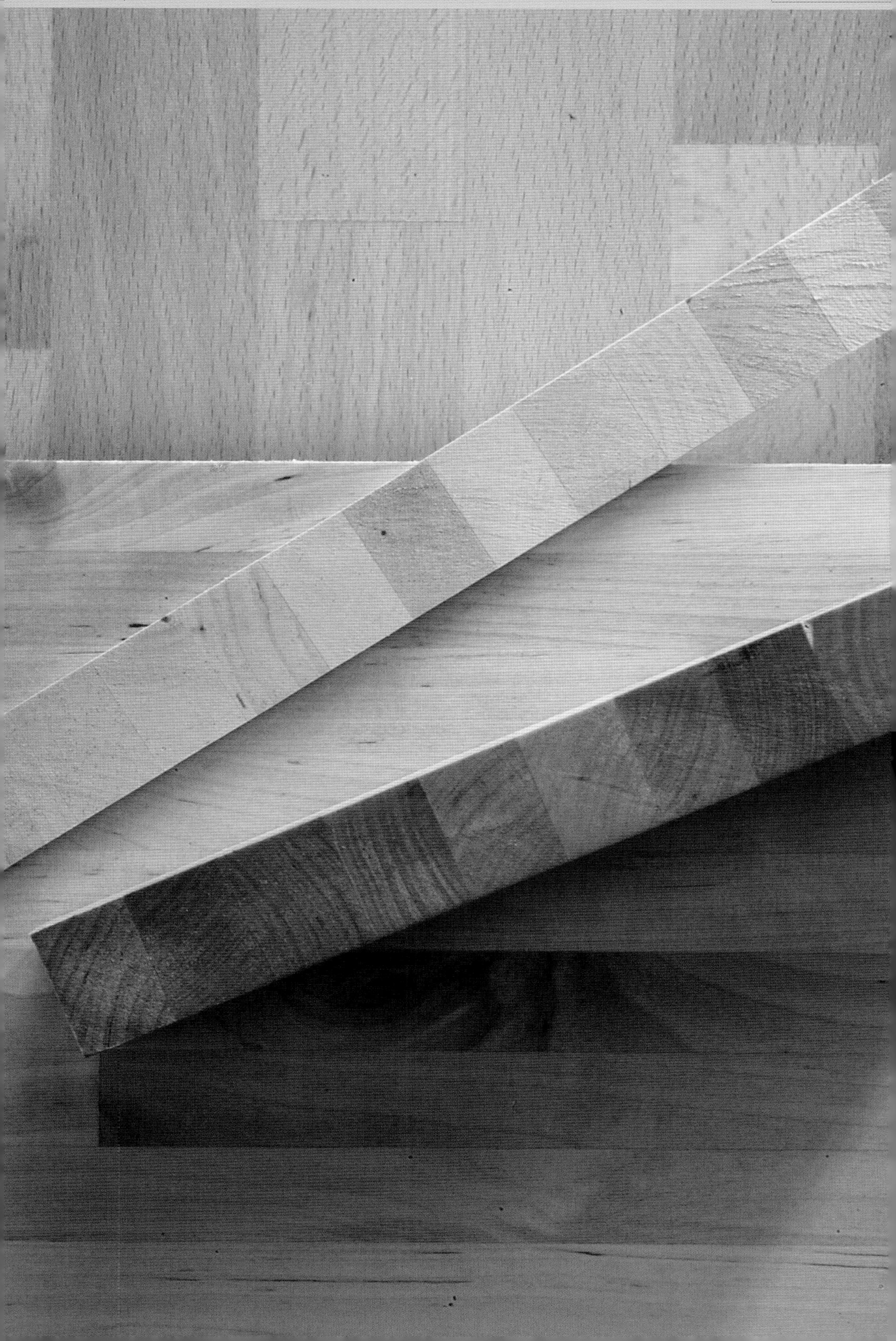

集 成 材

集成とは角材を小幅の板に切削してつなぎ合わせる過程を指し、接着剤で圧着して、平らな板にすることも、クランプ（締め付けること）して成形することもできます。また蒸気に当て、型を使って様々な形にしたり、建具師や家具メーカーにオーダー品を依頼することも可能です。自由な発想で色を選んだり曲げたりして、家具やキャビネットの部品に利用してもよいでしょう。

特徴：集成材は弾力と強度を兼ね備える製品を作るのが容易で、ムク材から切り出すと壊れやすかったり無駄が出る形に加工するのに理想的な素材です。種々の木を集めて層状に配置し、表面の色やテクスチャーにバリエーションを持たせることもできます。下地の構造強度があれば模様は表面だけ整っていればよいので、小さな木片も活用されています。強度とテクスチャーは材料となる木の種類によって変わります。

用途とメンテナンス：集成材は、家具の曲がった部分やカウンタートップの縁を仕上げる専門的な化粧板に使われるのが普通です。木材の種類を違えて集成した素材は、美しい木口（断面）を棚板やカウンタートップ、羽目板のトリム（またはノージング）に利用できます。そのまま見える木口については、滑らかで耐久性のある保護層を作るため、サンディングとシールが必要です。集成材は曲げ加工が可能なので家具製作に幅広く取り入れられ、不規則なフォルムや滑らかなカーブを持つ製品が作られています。木製品に共通することですが、集成材も寿命を延ばし、変色を防ぐためにすべての面をシールする必要があります。適するシーラントは材料の木材と用途によって異なります。またケアおよびメンテナンス法はシーラントや仕上げによって違います。

安全性と環境性：集成材の材料は育成林から得られた木材で作られているはずで、その場合認証機関のマークが付いています。

入手先：集成材は必要条件に合わせて自作することができます。材料と化粧板は材木店や造作部材専門店で入手できます。

コスト：4～5　高い～非常に高い。使う木材の種類と集成の複雑さによって変わります。

仕様：特定の目的やデザインに合わせて、多種多様なサイズに作られます。

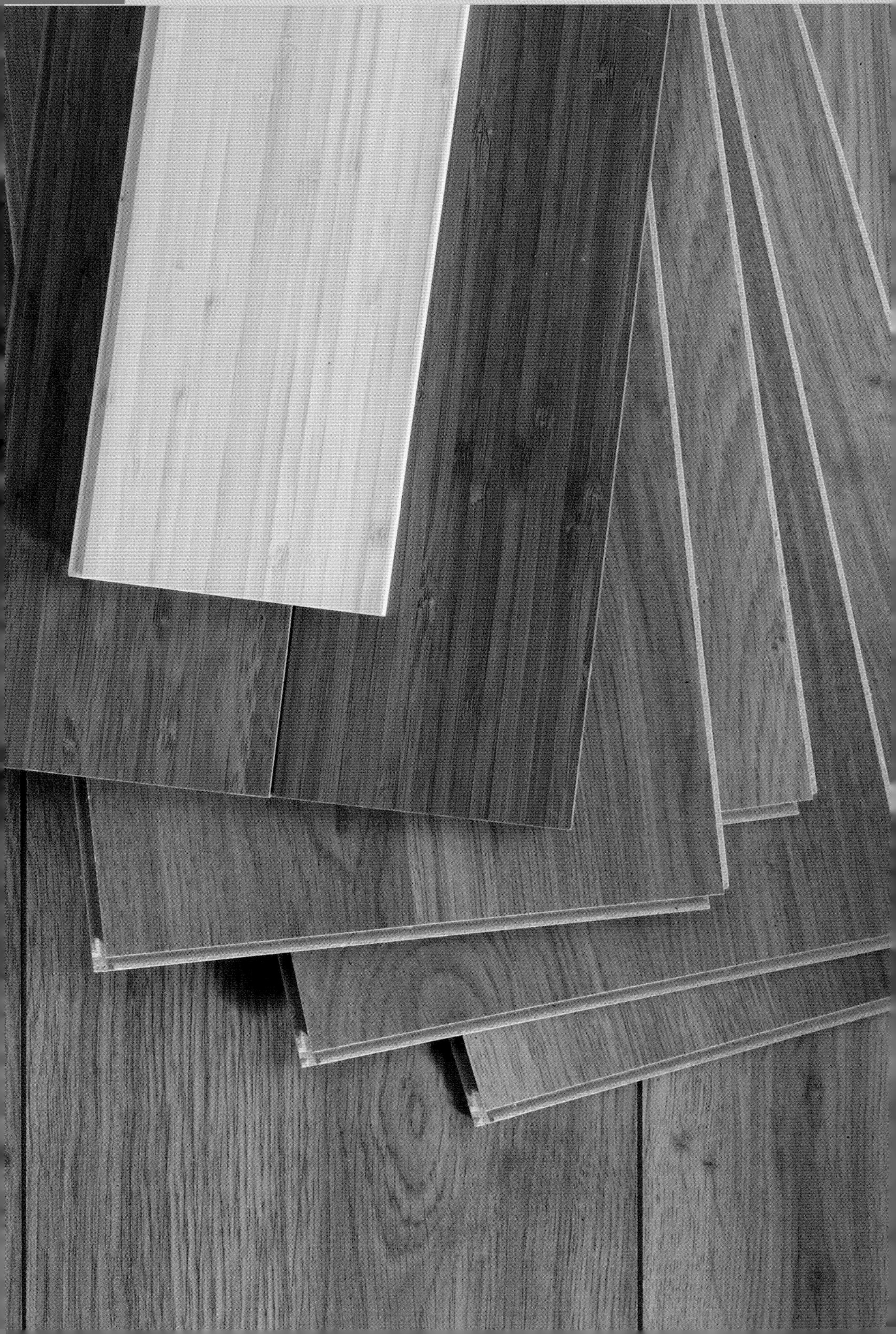

化粧床材

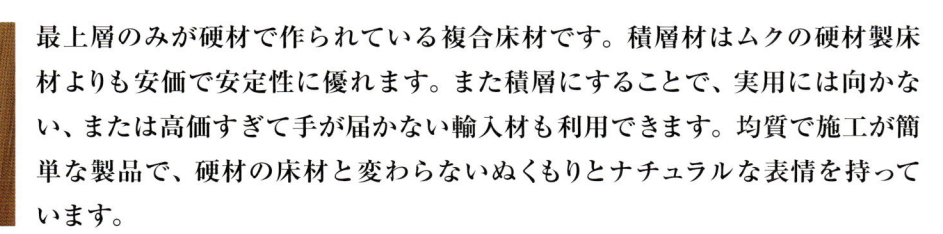

最上層のみが硬材で作られている複合床材です。積層材はムクの硬材製床材よりも安価で安定性に優れます。また積層にすることで、実用には向かない、または高価すぎて手が届かない輸入材も利用できます。均質で施工が簡単な製品で、硬材の床材と変わらないぬくもりとナチュラルな表情を持っています。

特徴：化粧床材は木目方向を直交させて重ね、耐水性の樹脂製接着剤で貼り合わせてから熱をかけて圧着した薄板が材料です。層の厚さや木の種類は様々ですが、上層に硬材、下層にマツ、この2層の間にトウヒかモミの板（上層と木目を直交させます）を挟む構造が一般的です。上質の硬材としては身近な木ならブナ・カバ・オーク・カエデ、輸入材ならゼブラウッド・タイヘイヨウテツボク・竹があります。板の形としては「単板タイプ（1枚の単板でおおって厚板らしく見せるもの）」と「マルチタイプ（それぞれ何枚かの小幅板が千鳥状に貼られている）」があり、丈夫なニス仕上げが施されています。通常は四方がさねはぎ継ぎ（参照→p.17）になっています。接着する際に木目を交差させてあること、感湿性を低くしてあることから、化粧床材はムクの硬材よりも形質の安定性に優れています。

用途とメンテナンス：硬材を使った化粧床材は、外観・寿命ともに安心して使えるナチュラルで丈夫な床材です。水がかかる場所に適した特別なタイプもあります。工場でプレ処理された床材は仕上げ加工が長持ちしますし、クリーニングしやすく、硬材の寿命も伸びます。さらに仕上げを重ねる必要もないのでそのまま敷くことができ、費用効率に優れます。直接根太に固定せず、下張り床にクリップか釘で留め付けるようにします。床板が傷ついたり、長年使ってさすがに仕上げ加工が取れてしまったら、表面をサンディングして再仕上げをします。

安全性と環境性：化粧床材は持続可能な育成林から得た、認証済みの木材を使って大手メーカーが製造しています。メーカー製の床材は安全で衛生的です。

入手先：ホームセンター・材木店・床材店・カーペット店で手に入ります。床材とコーディネートできるパーツ（敷居など）もあります。

コスト：2～4　低い～高い。品質・厚さ・表面仕上げの耐久性によります。

仕様：厚さは約12～22㎜と様々です。板のサイズは上層が単板タイプかマルチタイプかで異なります。

メラミン化粧板

安定した性質の安価な木材に装飾的で丈夫なプラスチック層を接着した素材です。キッチンやバスルームのカウンター・バックスプラッシュ・棚板・高級家具などに使われます。使い勝手がよくてクリーニングしやすい、水がかかっても大丈夫な実用重視の表面材としてはもちろん、装飾的なフォトグラフィック模様をプリントして、スチールや大理石など高価な素材の外観を模すこともできます。

特徴：メラミンは熱硬化性プラスチックで、マット・テクスチャー・ハイグロス、いずれの仕上げも可能です。軽量で引っ張り強度に優れますが、硬くてもろい特性があります。パーティクルボード（参照→p.21）やMDF（参照→p.35）、または何らかの板材など、裏当てとなる滑らかな下地に接着して使う必要があります。木製の下地にラミネートする場合は、裏側にバランスを取る適切なラミネート材を貼らないと板がそります。キャビネットや組み立て家具の骨組み用に大人し目の仕上げ材として、またはキッチンやベッドルームに置くカップボードのドアや棚板に、目を見張るようなテクスチャーと色合いを添える目的に使うこともできます。色・模様・テクスチャー・ラミネート仕上げの種類は多数ありますが、既製品では数が限られるようです。

用途とメンテナンス：メラミンは通常、キッチンやバスルームのカウンターやバックスプラッシュ用に、費用効率のよい素材として利用されています。表面が欠けないようにメラミンコートの木板をノコ引きするには、最初に鋭いナイフなどで溝を刻んでおきます。メラミンは引っかき傷が付きやすく、強いまたは急激な衝撃を受けると割れや欠けが生じることがありますが、普通は耐汚性があります。表面に熱湯がかかってもダメージを受けませんが、長期に渡って高温にさらされると軟化してゆがみます。クリーニングの際は洗剤かクリームクレンザーを使います。研磨パッド（サンドペーパーなどが付いたパッド）は厳禁です。黒く染みついた汚れは、漂白剤でほぼ除去できます。

安全性と環境性：木製の下地は育成林の木材を無駄なく使って作られているものがほとんどです。その場合は認証機関のマークが入っています。

入手先：カウンタートップや棚板は材木店・ホームセンター・キッチン設備専門店で手に入ります。特殊なラミネートや異なる下地を選びたい時は材木店や建築資材センターにオーダーし、条件に合ったものを製造してもらいます。

コスト：2～3　低い～中程度。仕上げによって変わります。

仕様：カウンタートップ用は幅600と900㎜、長さ2,440または3,000㎜、厚さは30～40㎜の間。その他の製品は用途に応じてサイズが異なります。

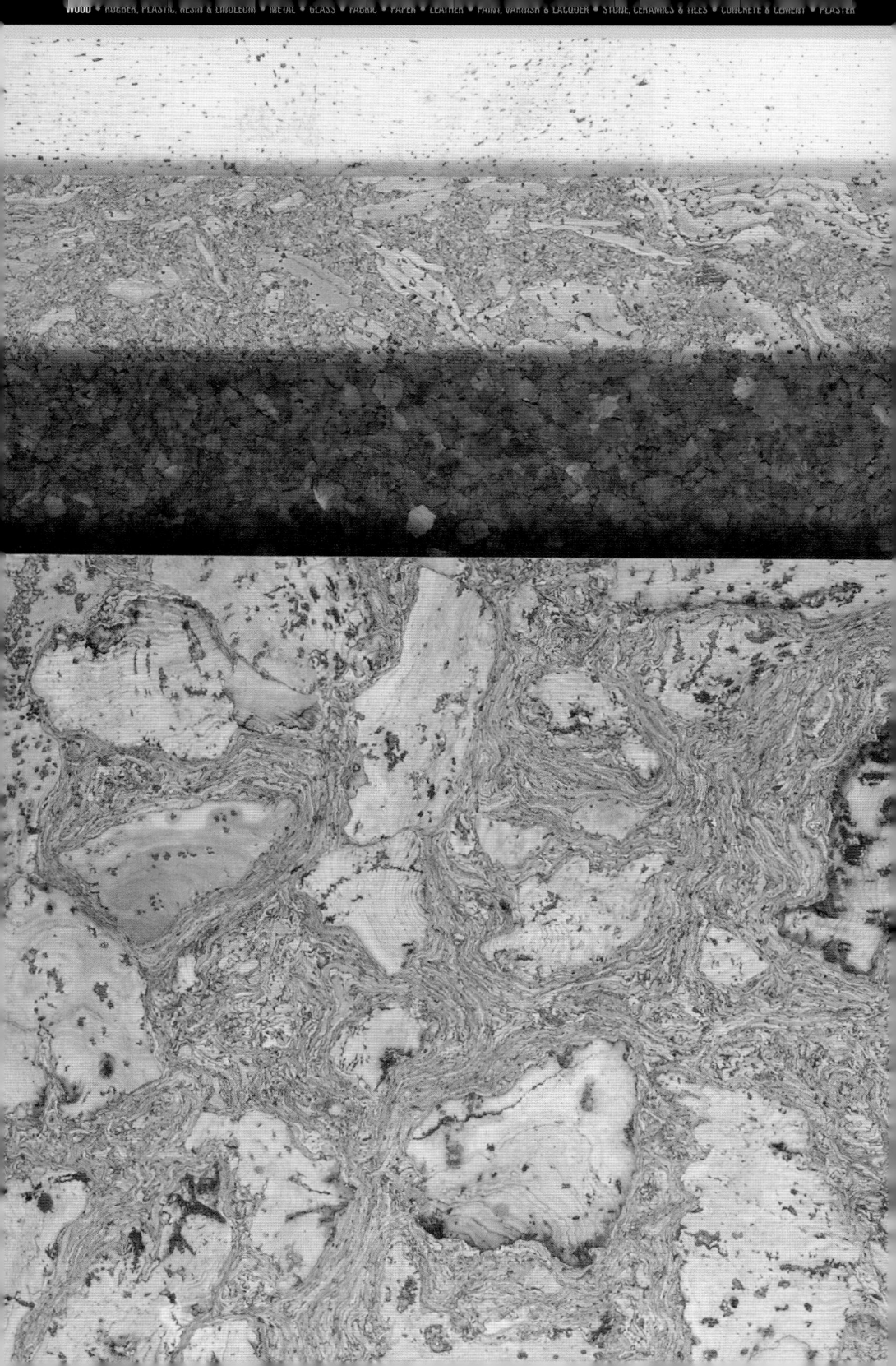

WOOD • RUBBER, PLASTIC, RESIN & LINOLEUM • METAL • GLASS • FABRIC • PAPER • LEATHER • PAINT, VARNISH & LACQUER • STONE, CERAMICS & TILES • CONCRETE & CEMENT • PLASTER

コルク

コルクガシはヨーロッパとアジア全域に自生していますが、一般的に、地中海沿岸で取れるコルクが一番成長率が安定し、品質に優れた普及品であるとされています。コルクはコルクガシの樹皮で、はがしてそのまま用いられます。特徴的なハニカム構造を持ち、ナチュラルな木製品の中でも融通性の高さと丈夫さでは指折りです。実に様々な用途に用いられています。

特徴：コルクは小さな空洞が集まった弾性のある細かい構造を備えているため、極めて軽量です。高温と低温に耐え、成型して様々な形にするのが簡単で、熱と音を反射するため防音性と断熱性に大変優れます。丈夫で長持ちな上に毒性がなく、柔らかく暖かな感触です。水や衝撃によるダメージを受けても回復し、ほこりを吸収しません。使い道の多さからボトル栓や耐熱性テーブルマット、靴の厚底など幅広く商業利用されるほか、家庭でも種々の目的に使われています。

用途とメンテナンス：床材としてのコルクは非常に耐久性が高く、上を歩いても暖かみがあって柔らかな感触で、清潔に保つことができます。弾力があるため長時間の立ち仕事にも快適です。耐水性なのでバスルームまわりにも適した素材です。床タイルにする際は下張り板に接着し、専用のコルク用ニスかオイル（表面の状態を維持する効果があります）でシールします。コルクは木製の浮き床の周辺部を囲む伸縮目地材としても用いられます（木は縦の木目方向に伸びる率が高いため、木口に当てるコルクは幅を広めにします）。また壁に貼れば羽目板風になりますし、騒音低減やぬくもり感を出すのにも役立ちます。

安全性と環境性：コルクは最も環境に優しい木製品で、正規の供給業者も多数あります。表皮をはがした木は10年以内に皮が再生します。

入手先：コルクタイルはホームセンター・床材取扱店・建築資材取扱店で購入できます。コルクシート（ピンボード用など）は材木店・造作部材専門店で薄板として手に入ります。

コスト：2　低い。

仕様：床や壁用のタイルは標準サイズがいくつかあります（一番一般的なのは30×30cm）。未シールのタイルとプレ仕上げのタイルがあります。

WOOD • RUBBER, PLASTIC, RESIN & LINOLEUM • METAL • GLASS • FABRIC • PAPER • LEATHER • PAINT, VARNISH & LACQUER • STONE, CERAMICS & TILES • CONCRETE & CEMENT • PLASTER

ヤナギ

ヤナギは米国南部（特にミシシッピ河沿い）と北ヨーロッパ南部の湿地帯で商業的に栽培されています。硬材の中でも極めて柔らかく、材木はノコ引きしたり角材や板などに製材することが可能で、保存加工もできます。その他、剪枝することでしなやかな枝材がたくさん収穫できます。これはウィスと呼ばれ、編み細工に用いられます。

特徴：ヤナギは形が不ぞろいで加圧すると裂けるため、構造材としてはあまり用途がありません。ただ手を加えやすいのでハンドメイドの家具や玩具、キッチン用品の素材に向いています。湿気には弱いのですが、いったん乾燥すれば安定します。テクスチャーは細かく均質で、直線的な木目が入っています。色は辺材がクリーム色っぽく、心材は赤褐色または灰褐色です。加工や接合（釘やネジ、接着剤などを使います）が容易で、サンディングすれば滑らかな仕上がりになりますが、曲げ・圧縮・衝撃には耐性がありませんし、硬いものが当たると傷が付きます。すべての木材に共通することですが、ヤナギは可燃性です。耐火性等級は使用したシーラントによって変わります。

用途とメンテナンス：ヤナギ材は家具・ドア・パネル板・スポーツ用品に利用されます。ナイフで削ったり彫刻をすることが可能ですが、ニスかオイルでシールする必要があります。単板はスクリーンや壁のカバーにしてもよいですし、棚板に敷くこともできます。クリーニングはシーラントの条件に合わせます。枝は編んで屋内用の家具やバスケット、照明器具、またはシンプルな装飾やディスプレイ品に。枝を切らずにそのまま編んで、ティピーやフェンスなど庭や遊び場の施設にしてもよいでしょう。そのまま成長し続けるので、一年を通して素敵な造作になります（ただし毎年剪定と整枝の必要があります）。

安全性と環境性：ヤナギの木は成長が早く、完全に再生可能な資源です。

入手先：ヤナギの木材は豊富に生産されていますが、あまり一般的ではありません。したがって在庫は多くないのですが、専門の材木取扱店にオーダーして取り寄せることができます。ヤナギの枝は園芸用品店やクラフト用品専門店で手に入ります。

コスト：3　中程度。

仕様：木材は、種類は限られていますが標準と特別のサイズ・長さがあります。枝は束で販売され、グリーン（生）、ブラウン（皮付きで乾燥済み）、バフ（さらし、乾燥させて煮沸し皮をむいたもの）があります。

_WOOD • RUBBER, PLASTIC, RESIN & LINOLEUM • METAL • GLASS • FABRIC • PAPER • LEATHER • PAINT, VARNISH & LACQUER • STONE, CERAMICS & TILES • CONCRETE & CEMENT • PLASTER

MDF

MDFは中密度繊維板（medium-density fiberboard）の略語です。費用効率に優れた板材で、細かい木のチップを接着して作られる均質な木製品です。加工しやすく、その滑らかな表面は特にペイント仕上げに適しています。木工品のハンドメイドと、ハイテクを活用したマスプロ品の生産、どちらにも向きます。

特徴：細かい木繊維に合成樹脂接着剤を加えて熱圧し、平らで丈夫な、節のない板材に成型したものがMDFです。滑らかで木目のない表面は化粧板や積層板に、また専門的なペイント仕上げに理想的です。とても密度が高く、分厚い板は相当な重量があります。手作業でも機械でも切削・ドリル・ヤスリ加工が可能ですが、接着剤の含有量が高いのですぐに道具がなまってしまいます。ノコくずは非常に細かく吸い込みやすいため、作業は必ず換気の良い場所でマスクとゴーグルをつけて行います。パーツは釘・ネジ・木工ボンド・ダボで接合できます。MDFは湿気を吸いやすく、そうなるとふくらんで壊れます。防水加工済みの等級でも頻繁に水がかかるような状況では使用に難があります。

用途とメンテナンス：MDFは主に羽目板や収納ユニットの骨組みおよびキャビネット部材に用いられます。板材のほか、幅木やトリムなどのモールディングの形でも入手できます。薄手で溝の入ったパーツはベンディ（bendy）MDFと呼ばれ、カーブしたユニットに用いられます。MDFはユリアホルムアルデヒドを放出するので、どの面も残さずペイントかニスでシールしなければいけません（ワックスやオイルは不可）。油性と水性、どちらのペイントやニスでも塗れますが、吸い込みを防ぐため下塗りが要ります。切り口は面部よりさらに吸い込みが大きいのでサンディングを行い、塗装を重ねる必要があります。

安全性と環境性：MDFは本来なら廃棄されてしまうような小さい木片を有効利用して製造されます。ただし継続的にユリアホルムアルデヒドを放出する（加工中および設置後も）ので毒性があります。加工・仕上げをする際は危険低減のため注意が必要です。国によっては使用が認められていません。

入手先：板材・モールディングともに材木店やホームセンターで容易に入手できます。

コスト：2　低い。

仕様：標準サイズは1,220×2,440㎜、厚さ4～25㎜。品によっては最大1,220×3,000㎜、厚さも標準より厚いまたは薄いものもあります。

WOOD • RUBBER, PLASTIC, RESIN & LINOLEUM • METAL • GLASS • FABRIC • PAPER • LEATHER • PAINT, VARNISH & LACQUER • STONE, CERAMICS & TILES • CONCRETE & CEMENT • PLASTER

化 粧 板

化粧板は木の薄い板で（よく輸入材や高価な木種から取られます）、高級な木工品に装飾用として利用されるほか、下地板に接着剤で貼って大きな板を作るのに用いられます。加工法としての「化粧張り」は3,000年以上前から各国で実施され、たとえば古代エジプトでは家具の製作や、寄せ木細工の形で絵や模様を作るのに使っていました。

特徴：化粧板に使う単板は丸太を回転機に固定し、木を回しながらかつらむきのように続けて薄くむいて作ります。これを並べ、重ね継ぎで接着して均一な板材にします。種類は約170と数多くあり、模様も様々です。模様にはヘリンボーン・ブックマッチ（左右対称のペアを繰り返す）・センターマッチ（中央線に合わせて配置する）・ランダム（ミス）マッチ（模様の異なる板を張る）のほか、プレーン（フラット）カットによるもの（V字型が繰り返す木目が均一に出る）などがあります。下地板に貼る前の化粧板は極めてもろくすぐ壊れます。

用途とメンテナンス：化粧板を使うと費用その他の制約を受けずに高価な木材の外観を得ることができます。高級な家具・ドア・クローゼット・棚に向きます。紙製裏打ち材に貼ったもの（米国などでは厚さから「10mil」といわれます）や、フェノール樹脂を含ませた弾力性のある紙に貼った化粧板もあり、これは積層合板とよばれます。パーティクルボードやMDFなど実用的な木製の基材に貼られた化粧板は「ウッド・オン・ウッド」ともいわれます。露出した縁をカバーする、コーディネートした突板シート（テープ状の木材）も販売されています。そのまま、または紙で裏打ちされた化粧板は寄せ木細工や細かい加工品に向いています。化粧板はもろいので、ノコ引きする前にナイフで溝を刻んでおきます。導管孔が大きい化粧板は柔らかくダメージを受けやすいので、硬化ニスで保護します。化粧板が傷ついたらサンディングしてシールし直し、シーラントに合わせてクリーニングします。

安全性と環境性：化粧板は育成林から得られた木材を無駄なく利用して作られます。認証機関のマークがついています。

入手先：材木店・建築資材センター・造作用材専門店で取り扱っています。クラフト用の小さい板は手工芸材取り扱い店でも販売されています。

コスト：3〜4　中程度〜高い。木の種類や模様、下地板の素材によります。

仕様：標準サイズは1,220×2,440㎜。下地板の素材にはいくつか種類があります。クラフト用にセットになった小さい板もあります。

WOOD • RUBBER, PLASTIC, RESIN & LINOLEUM • METAL • GLASS • FABRIC • PAPER • LEATHER • PAINT, VARNISH & LACQUER • STONE, CERAMICS & TILES • CONCRETE & CEMENT • PLASTER

硬質繊維板

硬質繊維板（ハードボード）は安価で実用的な板材で、厚さやテクスチャーは様々です。片面のみわずかに艶のある仕上げで、フラッシュドア（表面仕上げが平らなドア）の外装や木製フレームに収められるパネル用によく用いられます。合板（参照→p.19）ほど強度と耐久性を要しない場合に幅広く利用されます。

特徴：木のチップから抽出された細かい木質繊維とパルプ材の廃棄物から作られる素材で、合成樹脂接着剤で接着してから熱圧して作られます。硬くて均質、平らな板です。片面は目がなく滑らかで艶出し仕上げになっていますが、裏側はざらざらしています。硬質繊維板の等級にはスタンダード・難燃加工・テンパーボード（強度を上げるためオイルを含ませたもの）があります。手作業でも機械でも切削・ドリル・ヤスリ加工が可能ですが、硬いのでややねばりにかけます。

用途とメンテナンス：細かい木のチップでできているため均質で、木工品のハンドメイドと量産加工のどちらにも向きます。装飾的なラジエーターグリルなど、特殊な用途のためにプレス・エンボス・パンチ（穿孔）加工をしてパターンを付けた板もあります。また、表面処理を施した板もあり、羽目板に利用されます。メラミンや化粧板の下地としてもよく用いられますが、専門的で装飾的なペイント仕上げのベースとしても優れています。油性と水性、どちらのペイントやニスでも塗れますが、非常に吸収性が高いのでしっかり下塗りをする必要があります。硬質繊維板は、軽くて硬い素材が求められる一時的な成形用型板（テンプレート）や、家具を動かす際に木床を保護する安価なカバーとして非常に便利です。どの等級も湿気に弱く（処理加工されたものは例外）、水を含むとふくらんで壊れます。

安全性と環境性：硬質繊維板の製造過程では、本来なら廃棄されてしまうような小さい木片が有効利用されます。

入手先：板材の形で、材木店やホームセンターで容易に入手できます。

コスト：1　非常に低い。

仕様：標準サイズの板は1,220×2,440㎜、厚さは2〜6㎜の間。パンチ加工またはテクスチャー仕上げの板の場合、縦横のサイズは同じですが、わずかに厚くなります。

ゴム・プラスチック・樹脂・リノリウム

　クリストファー・コロンブスが大西洋を航海して南米への航路を拓き、ゴムの木を手にしてからというもの、ゴムは船の防水やはきもの類の製造に利用され続けています。ただし木に傷を付けて取った白い樹液をそのまま固めたゴムはべたついて耐熱性も劣ります。チャールズ・グッドイヤーが加硫によってこの欠点を改良したのはようやく19世紀の終わりになってからです。加硫とはゴムと硫黄を混ぜて黒褐色になるまで加熱し続ける工程で、これによりゴムは極めて実用価値の高い、柔軟性と弾性を備えた物質に変化します。その結果ゴムの需要は右肩上がりに増えました。タイヤ・ホース・シール材・ガスケット・バルブ・電気配線材、いずれにもこのゴムという柔軟な素材が求められたのです。

　こうしてゴムの木の栽培農園が熱帯全域、特に南米とマラヤに次々に作られました。しかしゴムの市場は環境に左右される天然素材に大きく依存していたため、20世紀には合成ゴムの開発が急務でした。1964年には、世界のゴム市場の半分近くを合成ゴムが占めていました。それでも合成ゴムは天然ゴムより製造コストが高く、強度が足りずに使えない例が数多くあるため、今も天然ゴムはほとんどのゴム製品の主要材料として使われ続けています。

　合成ゴムの発達により、新たな化学合成物質、中でも石油化学製品に関する分野が開拓されました。最初のゴム代替品となったのはパークシンで、1862年に開発されました。その後まもなくビリヤードの球の材料だった象牙の代用としてコロジ

オンが作られ、それがセルロイドの発明につながりました。セルロイドは柔軟性を持つ写真用フィルムとしても用いられた物質です。熱可塑性プラスチックは高温になると溶けて成型でき、冷めるとそのままの形で固まり、再加熱するとまた溶ける物質ですが、コロジオンとセルロイドはいずれも初期に作られた熱可塑性プラスチックの例です。そして1907年にベークライトが開発されました。これは液状樹脂の状態で型に流し込まれ、固まると完全に安定な状態になります。極めて硬く、燃えませんし、沸騰も軟化も溶解もしません。これは熱硬化性といわれるプラスチックの先駆けでした。熱硬化性プラスチックはいったん固まるとほぼあらゆる状況でその形を保ちます。

　現代のプラスチックは熱可塑性プラスチックと熱硬化性プラスチックのいずれかに分類され、硬くてガラスのようなポリカーボネートから、透明で薄いセロファンのシートとフィルムまで、実に様々な目的のための製品が作られています。抜群に強度が高く弾性もある、有孔なのに防水性がある、耐火性を備えている、クリーニングが簡単、安価で長持ち。そんな各プラスチックを生み出してきたテクノロジーから、現代の建築産業はもちろん私たちの住まいは例外なく恩恵を受けています。

　プラスチックは常に開発が進み、改良され続け、新しく魅力的な製品が絶えず登場しています。中でもプラスチックをリサイクルする必要性に応えて、面白い製品も開発されつつあります。

WOOD • RUBBER, PLASTIC, RESIN & LINOLEUM • METAL • GLASS • FABRIC • PAPER • LEATHER • PAINT, VARNISH & LACQUER • STONE, CERAMICS & TILES • CONCRETE & CEMENT • PLASTER

熱可塑性プラスチック

熱可塑性プラスチックは合成石油化学製品をベースにした素材で、実に数多くの種類があります。柔軟な性質を持ち、引き延ばしやプレス、流し込み成型が可能で、各種の家庭用品や工業用に用いられています。熱可塑性プラスチックにはビニール・ポリエチレン・ポリプロピレン、ポリエステル・その他のプラスチックなどがあり、電線の被膜からクリーニングの楽な床材や壁装材に至るまで家庭内で様々に利用されています。

特徴：熱可塑性プラスチックは柔軟で容易に成形や流し込み成型を行えます。同じ温度でも、プラスチックの種類が違えば素材のTg次第で硬さも異なります。Tgとはガラス転移温度のことで、これ以下だと硬くて砕けやすく、上だと軟化して柔軟になります。添加剤によって性質やTgを変えることもできます。ポリエチレンは最も一般的な熱可塑性プラスチックです。ポリプロピレンは着色が容易で流し込み成型することも繊維の形で使うことも可能です。ポリエステルからは繊維やシートが作られます。プラスチックは引っ張ると伸びるため、引っ張り強度には欠けます。熱可塑性プラスチックは水や日光によるダメージを受けません。

用途とメンテナンス：ポリエチレンは通常半透明の薄いシートの状態で販売され、防水や防風用に使われます。極めて強度が高い製品を作ることも可能で、一時的な保護材（コンクリートの養生用など）はもちろん、永久的な下張り材としても使えます。ポリプロピレンの流し込み成型品はカラフルな収納容器としてよく用いられ、不透明または半透明のものがあります。繊維では人工芝に利用されます。ポリエステル繊維はそのまま、または天然繊維と混紡されて織物になります（参照→p.103「コットン」）。ポリカーボネートやアクリル樹脂は飛散防止効果があるのでガラス（参照→p.88）の代わりとして利用されます。ビニールはタイルやシートの形で床材に広く使われます。弾力があって足元が暖かですし、クッション材が入っているとさらに快適です。シャワーエリアやバックスプラッシュ用の壁装材もあり、こちらはよくテクスチャー仕上げやタイル風模様が施されています。

安全性と環境性：熱可塑性プラスチックは化学製品なので生分解しません。

入手先：建築資材取扱店・ホームセンター・園芸用品店・デパート・家具店で購入します。

コスト：2　低い。

仕様：配管・排水管・サイディング（外装材）・絶縁材に用いられます。また成形されて包装材・玩具・家具など様々な日用品に利用されています。

WOOD • **RUBBER, PLASTIC, RESIN & LINOLEUM** • METAL • GLASS • FABRIC • PAPER • LEATHER • PAINT, VARNISH & LACQUER • STONE, CERAMICS & TILES • CONCRETE & CEMENT • PLASTER

ビ ニ ー ル

ビニールはポリ塩化ビニール（PVCの名称で知られます）のことで、本来天然ゴムの代替品として用いられていた合成物質です。ポリエチレンに似た石油化学製品ですが、塩素が加えられています。製造されるPVCの50%以上が建材用で、樋・パイプから窓枠・サイディングまで、プレハブ資材として高価な原材料の代わりに使われるようになっています。

特徴：塩素の添加によってPVCにはポリエチレンにないメリットが2つあります。まず塩素は入手が簡単で安価な商品なので、石油市場における価格の変動にあまり影響を受けません。また炎や高温にさらされると優れた難燃剤である塩素ガスを放出します。したがってPVC製品は非常に発火しにくく火が広がりにくい性質があります（電気製品に有用です）。ビニールは滑らかで硬い熱可塑性プラスチックですが、可塑剤を加えると軟化して柔軟性が増します。ビニールは酸やアルカリに強く、厚さや硬さを調節でき、デリケートにも強靭にも作れ、透明または半透明、色付きにするなども自在にできる唯一のプラスチックです。軽量で室温では丈夫な上、滑らかで安定しており、クリーニングが簡単で耐摩耗性があります。ただしひっかき傷やえぐれ傷はつきます。

用途とメンテナンス：ビニールは建築業で多くの日用品の製造に用いられます。モールディング・幅木・ドアやドア枠・雨戸の隙間風防止用枠に、木の代わりとして利用されています。また銅・鉛・真鍮・アルミの代わりに配管や排水、雨樋用素材として用いられます。この場合、耐食性があり、汚れが付着しにくく、水がかかる厳しい環境にも耐えるというメリットがあります。絶縁性があって長持ちするため、構成部品や配線材の分野でも金属とゴムに代わって採用されるようになりました。またシャワーレールやシャワーカーテン・サイディング・床材・スイミングプールのライナー（内張り）の製造にも使われています。

安全性と環境性：ビニール製造に関連するとされてきた職業病は、製造過程が改善されて現在はほとんど発生しません。PVCは埋め立て処分されても分解しませんが、リサイクル率やリサイクル品が増えています。

入手先：建築資材取扱店・ホームセンター・電気用品取扱店・給排水設備取扱店で様々な部品が入手できます。

コスト：2　低い。

仕様：建材や日用品として、様々な完成品があります。

WOOD • **RUBBER, PLASTIC, RESIN & LINOLEUM** • METAL • GLASS • FABRIC • PAPER • LEATHER • PAINT, VARNISH & LACQUER • STONE, CERAMICS & TILES • CONCRETE & CEMENT • PLASTER

シートゴム

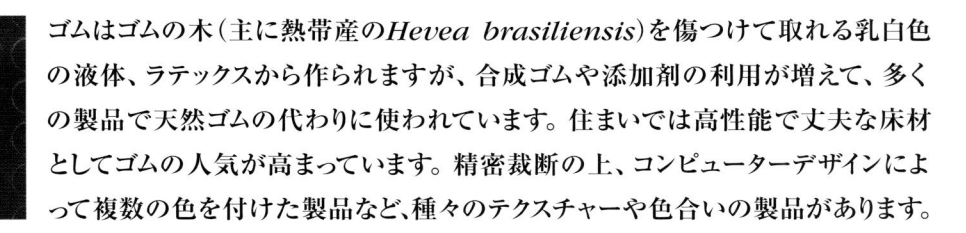

ゴムはゴムの木（主に熱帯産の*Hevea brasiliensis*）を傷つけて取れる乳白色の液体、ラテックスから作られますが、合成ゴムや添加剤の利用が増えて、多くの製品で天然ゴムの代わりに使われています。住まいでは高性能で丈夫な床材としてゴムの人気が高まっています。精密裁断の上、コンピューターデザインによって複数の色を付けた製品など、種々のテクスチャーや色合いの製品があります。

特徴：ほとんどのシートは石油化学工業によって開発された合成ゴム（エラストマー）です。合成ゴムは高温にさらされると変質しますが、難燃性で焦げにくく、耐水性と気密性を備え、適切に接着すれば縮んだり伸びたりしません。シートゴムは構造が均一で表面層だけがこすれてはがれるようなことはなく、色褪せや変色もありません。弱い酸やアルカリ、塩分や水分が付着する環境にも耐えます。耐腐性および抗菌性を備え、帯電防止効果があり、超難燃加工や耐油加工をすることもできます。ゴムは衝撃音を吸収します。スリップ防止効果とともに弾性とクッション性を持ち、足の疲れを軽減します。

用途とメンテナンス：シートゴムは無地や幾何学的デザインの製品のほか、木・大理石・テラゾなどの素材を模した模様を付けたものもあります。エンボス加工やテクスチャー加工も可能で、コンピューター制御エッチング法による複雑なはめ込み模様を作ることもできます。床下暖房の上にも敷けます。金属製のアクセスフロア（配線などのために本来の床面から上げ底にしてある床）に使える、磁力で付着するフロアタイルもあります。屋上テラスやデッキなどの屋外環境での使用に適したゴムもありますが、この場合は表面材となるゴム材をきちんと選び、下地にも適切な処理をしておきます。ゴムは比重が高いのでリノリウムやカーペットと比べて重くなります。設置には接着剤を使います。ゴムは、シーリングや接合部のシーム溶着を改めて行う必要がありません。壁面に使う場合は専用に作られた薄いシートに限ります。通常の厚さだと垂れてしわができてしまいます。ごみや砂が付かないように注意しましょう。手入れは洗剤を溶かした水で。本来の光沢を保つには定期的に磨きます。

安全性と環境性：リサイクル材から作られた製品もあります。天然ゴムに対する合成ゴムの製造率はわずかに60％を超えていますが、また天然ゴムに比重が移る可能性も大です。

入手先：床材取扱店・建築資材取扱店・ホームセンターで手に入ります。

コスト：3　中程度。

仕様：30種類以上のテクスチャーと60以上の色合いがあります。フロアシート：厚さ2.5・3.2・4.8㎜。タイル：厚さを問わず305〜680㎜四方。ただし非常に分厚いものは例外。

WOOD • **RUBBER, PLASTIC, RESIN & LINOLEUM** • METAL • GLASS • FABRIC • PAPER • LEATHER • PAINT, VARNISH & LACQUER • STONE, CERAMICS & TILES • CONCRETE & CEMENT • PLASTER

オイルクロス

オイルクロスは100年以上前から利用されています。元々は床材や衣類、ワゴンカバーなどあらゆるものに使われるなくてはならない防水布でしたが、拭けば汚れが落ちる装飾的なテーブルクロスとしても用いられるようになりました。昔のオイルクロスは樹脂コーティングだったためひび割れたりはがれたりしましたが、現在はハイテク素材のビニールでコーティングされているので、柔軟で耐久性に優れた防水素材となっています。

特徴：フロアクロス（床敷き）は分厚いキャンバス地・ジュート・バーラップ（黄麻布）を材料に、サイズ（糊料）を塗って油性塗料でコーティングし、さらに様々なプリント・ニスかけ・ロールかけなどの工程を経て作られていました。現在はフロアクロスの代わりにリノリウムが使われているので、オイルクロスといえば目の細かいコットン製ファブリック（またはフランネル）にPVCビニール（参照→p.45）をコーティングして作られるのが普通です。オイルクロスは水を通しません。裏打ちがコットンメッシュなのでハサミで簡単に切れ、ミシンで縫うこともできます（縁はシリコン糊でシールします）。ほころびたり裂けたりせず、ほつれることもないので縁の処理は不要です。染みや汚れに強く丈夫で、布などで拭き取ればきれいになります。

用途とメンテナンス：オイルクロスは鮮やかな色彩（ギンガム柄や花柄が一般的）や、動物や木を描いた伝統的デザイン（昔のままの印刷用ロールを使っているメーカーもあります）が人気です。防水性があるので屋外用のテーブルクロス・ランチョンマット・オーニング（日よけ）・クッションカバー・椅子のシートに最適です。屋内では、工作時の保護用テーブルクロス・拭き掃除が可能なキッチンカーテン・ランプセード・側地・引き出しのライナー、段ボール製ボックスやくずかごのカバー材などに、装飾性と実用性を兼ね備えた素材として使えます。黒と緑の「黒板シート」は黒板用ビニール（文字を消すことができ、何度でも使えます）です。クリーニングは低温で手洗い、アイロンをかける際は必ず裏地から一定量のスチームで。丸めず折りたたんで保管しますが、折りじわは開いて自然に伸ばします。

安全性と環境性：オイルクロスに毒性はありませんが、ビニールは生分解しません。素材を混ぜてあるためリサイクルは容易とはいえず、再利用が求められます。

入手先：ファブリック取扱店・デパート。

コスト：2　低い。

仕様：標準サイズロール：122㎝×10.8m。
家庭用既製品もあります（エプロン・オーニング・テーブルクロスなど）。

WOOD • **RUBBER, PLASTIC, RESIN & LINOLEUM** • METAL • GLASS • FABRIC • PAPER • LEATHER • PAINT, VARNISH & LACQUER • STONE, CERAMICS & TILES • CONCRETE & CEMENT • PLASTER

エポキシ樹脂

エポキシ樹脂は異なる素材同士も接合できる優れた接着剤で、特に硬くて耐候性のある仕上げが必要な場合に使われます。施工は2つの手順からなります。まず施工現場で樹脂2に対し硬化剤1の割合で混ぜてペーストを作ります。これは均質で強力なペーストで、接着または充填に利用されます。充填材と混ぜれば割れ目をふさいだり隙間を埋めたりするのに優れた効果を発揮します。航空機や自動車、ボートなどの車体に利用されます。

特徴：エポキシ樹脂は優れた素材で、接着性・耐候性・耐久性においてポリエステル樹脂を上回ります。流動性がよく、自然に表面が平らになって固まり、硬化すると非常に頑丈で透明な仕上がりになります。サンディングをして形を整えることも可能です。耐薬品性があり、ディーゼル油や航空燃料にも耐えますが、耐ガソリン性はありません（専用の成分配合であれば例外）。日光と湿度にも耐性があり、木・ガラス・グラスファイバー・セメント・種々の金属に適します。ただしポリエチレン・ポリカーボネート・ポリエステル製ファブリックやフィルムなど、大抵のプラスチックには接着しません。エポキシ樹脂は12〜25℃の間で施工するのが理想的で、優れた展性が得られ、硬化時間の長さも最適になります。低温で保管するのは禁物です。

用途とメンテナンス：エポキシ樹脂は優れた接着性を備え、木材なら未処理とステイン仕上げのいずれの場合にも使えますし、湾曲した板材の積層には理想的な接着剤です。樹脂と硬化剤を混ぜる際は同じ温度にし、混合後2分してから塗ります。硬化する間、接着するもの同士を軽くプレスし、ずれを防ぎます。エポキシ樹脂はよく人が上を歩く木材の欠けやへこみの修理にもぴったりです。充填または修理に用いる際は、単独でも使えますし、グラスファイバー製マット（参照→p.57）と併用することも可能です。道具に樹脂が付いたら固まる前に適切な溶剤系クリーナーで取ります。いったん硬化してしまったら、塩化メチレンの剥離剤を塗布して熱し、こすり落とさなければなりません。混合していなければホワイトビネガーで取れます。

安全性と環境性：エポキシ樹脂は皮膚や目に付着したり吸い込んだりすると有害です。換気のよい環境で作業をします。優れた耐候性を発揮するように作られているので、日光に当たっても分解せず、リサイクルも困難です。不要になったら特別な処理で廃棄する必要があります。

入手先：建築資材取扱店・ボートおよび自動車部品取扱店・ホームセンターで手に入ります。

コスト：4　高い。

仕様：用途に合わせて様々なタイプがあります。硬化用の触媒と一緒にセット販売されています。エポキシ樹脂・硬化剤・充填剤・道具・手袋・クリーナーを合わせた便利な修理パックも見つけられます。

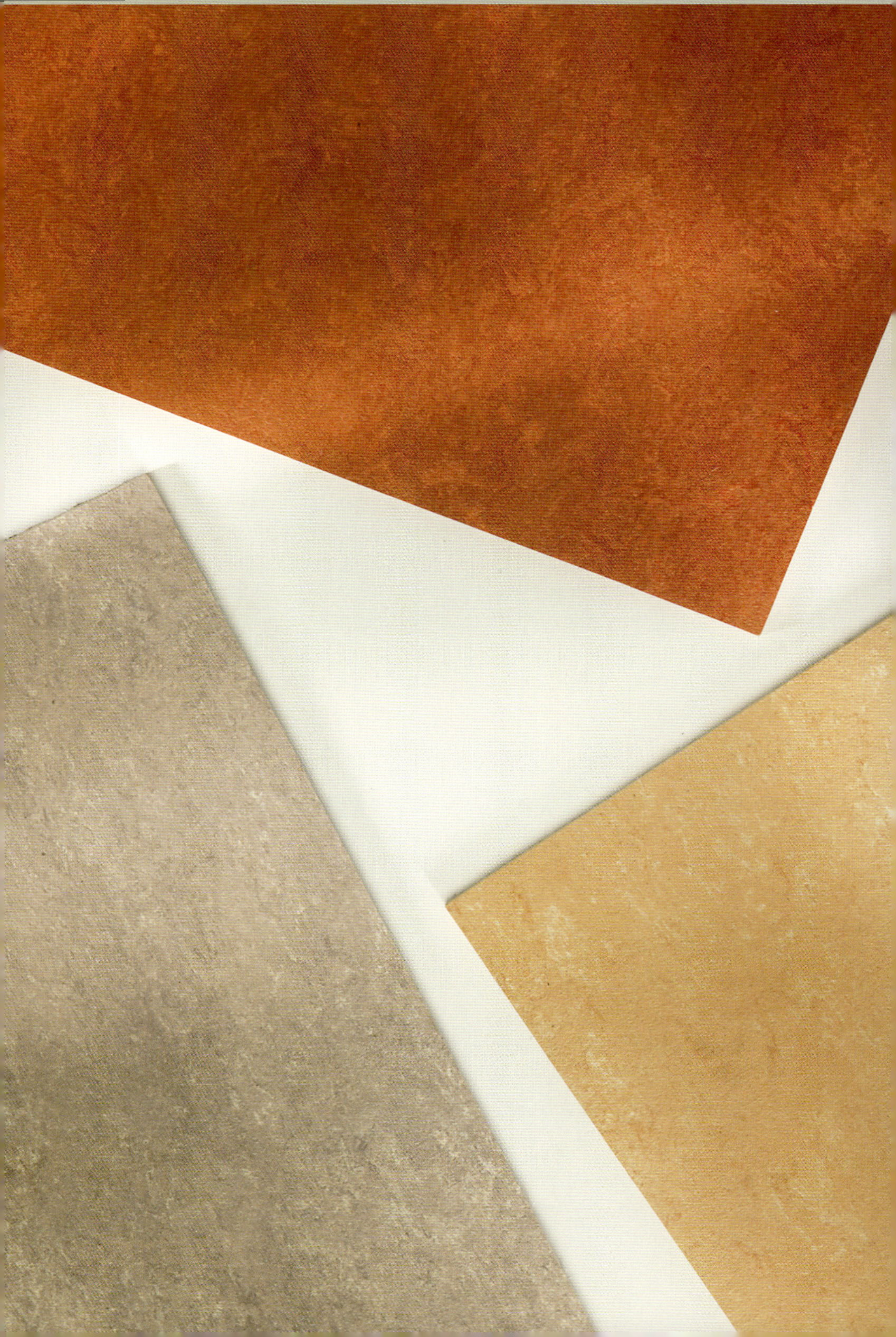

リノリウム

リノリウムは柔軟性を備えた人工の素材です。メンテナンスの楽な形質の安定した床材として、昔からシートやタイルの形で使われています。かつては拭き掃除できれいになる安価な床が珍しく、一時は大変広く利用されましたが、そのうち安っぽくてありふれた古くさいイメージになってしまいました。しかし現在は様々な色合いがあり、テクノロジーの進歩によって目を見張るようなユニークなデザインが施されているため、また人気が出てきています。

特徴：リノリウムの表面は単層構造で、ニスやワックスによる仕上げが不要です。組織も詰まっているため家具やキャスターによるへこみもあまりつきません。柔軟性が高く、最小で半径2.5〜6mm程まで曲げられます（厚さによって差があります）。衝撃音を軽減するので防音性を高める効果があり、非常に退色しにくい性質があります（色によって多少違います）。素材は上から下まで色が均一です。耐火性を備え、熱にあっても溶けません。

用途とメンテナンス：リノリウムの使用は屋内に限ります。通常は床材として利用されます。清潔でしっかりした水平な下張り床に敷きますが、湿った場所には使えません。折り上げた形のシートもあり、幅木のように床周辺を囲むモールディングとして利用できます。コンピューターを使った模様付けやカッティングにより種々のデザインが可能ですし、ジグソーパズルのように違う色を組み合わせて、シンプルなパターンから複雑なものまで様々な模様を作り出すこともできます。またテーブルやデスク、ベンチなど、暖かみと丈夫さが求められ、メンテナンスも楽な表面材が必要な所にも合います。床下暖房の上にも敷けますが、垂直面には使えません。重量があるのでたるみが出るためです。クリーニングは乾いた雑巾で。汚れを部分的にきれいにする際はぬれ雑巾を使います。変色部分や傷（タバコによる焦げなど）は目の細かいサンドペーパーでそっとこすり、改めてつや出し剤を塗ります。

安全性と環境性：取り扱いが容易な安定した素材で安全に使えますが、面積の大きいものは重くて持ち上げるのが大変です。環境に配慮した製造法で、端切れもすべて工程内でリサイクルされます。

入手先：カーペット取扱店・床材取扱店・デパート・ホームセンターで手に入ります。

コスト：2　低い。ただし用途や価格次第で品質も様々です。リノリウムの場合、なるべく高品質なものを購入するほうがお勧めです。

仕様：厚さは2〜4mm、シートやタイルの形で販売されています。

WOOD • **RUBBER, PLASTIC, RESIN & LINOLEUM** • METAL • GLASS • FABRIC • PAPER • LEATHER • PAINT, VARNISH & LACQUER • STONE, CERAMICS & TILES • CONCRETE & CEMENT • PLASTER

透明ポリカーボネート

透明な熱可塑性プラスチックで、飛散防止効果のある素材としてガラスの代わりに使われます。複雑な形に成形できるため、ガラスが好ましいけれどもガラスではもろく高価すぎるという場合にも活用されます。カリフォルニアのモンテレー湾水族館には世界で一番大きい1枚窓がありますが、これは幅5.5m、長さ16.5mの透明なポリカーボネート板でできています。

特徴：熱可塑性プラスチックの中では群を抜いて硬く強靭です。ガラスは特に光学的に透明なものでないと緑色を帯びますが、多くの場合でガラスよりも透明度が勝ります。モンテレー湾水族館の水槽は33cmの厚さでも完全に透明です。またポリカーボネートは広い温度範囲に渡って堅牢さを保ち、硬く、強い衝撃にも耐えます（ガラスの250倍）。耐薬品性があり、熱や寒さ、圧力にも高い抵抗性があります。帯電しにくく絶縁性に優れ、燃えにくいのが普通です。日光に当たると黄ばむこともありますが、あるメーカー独自の紫外線防御策を施したものなら優れた耐候性を備えます。表面の強さはガラスにやや劣り、ひっかき傷などが付くことがあります。

用途とメンテナンス：大きな板はアーケード通路にかけるカーブした透明な天蓋になります。波形の軽量パネルは温室やサンルーム用の透明な屋根またはパネルに使われます。この種の板は手引きノコで切断できます。半円筒ボールトやドーム形、ピラミッド形など複雑な形にも成形できるので特殊な形の屋根窓に利用されます。ミラーコーティングのポリカーボネートは丈夫ですし、視線を引く効果があります。裏庭に使えば目玉的な造作になるでしょう。透明ポリカーボネートは縁沿い、またはチューブやロッド（細い棒）の縦方向に光を伝えるので光ファイバー的に使え、照明装置に利用できます。

安全性と環境性：熱可塑性プラスチックは化学製品であり、生分解しませんが、リサイクルできます。

入手先：建築資材取扱店・ホームセンター・園芸用品店・デパート・家具屋で手に入ります。

コスト：2〜4　低い〜高い。

仕様：標準サイズ：1,220×2,440㎜、厚さ最大1.25cm。
波形：長さ2〜7m、幅45・60cm、厚さ2.5cm。あらかじめ成形されたものもあります。

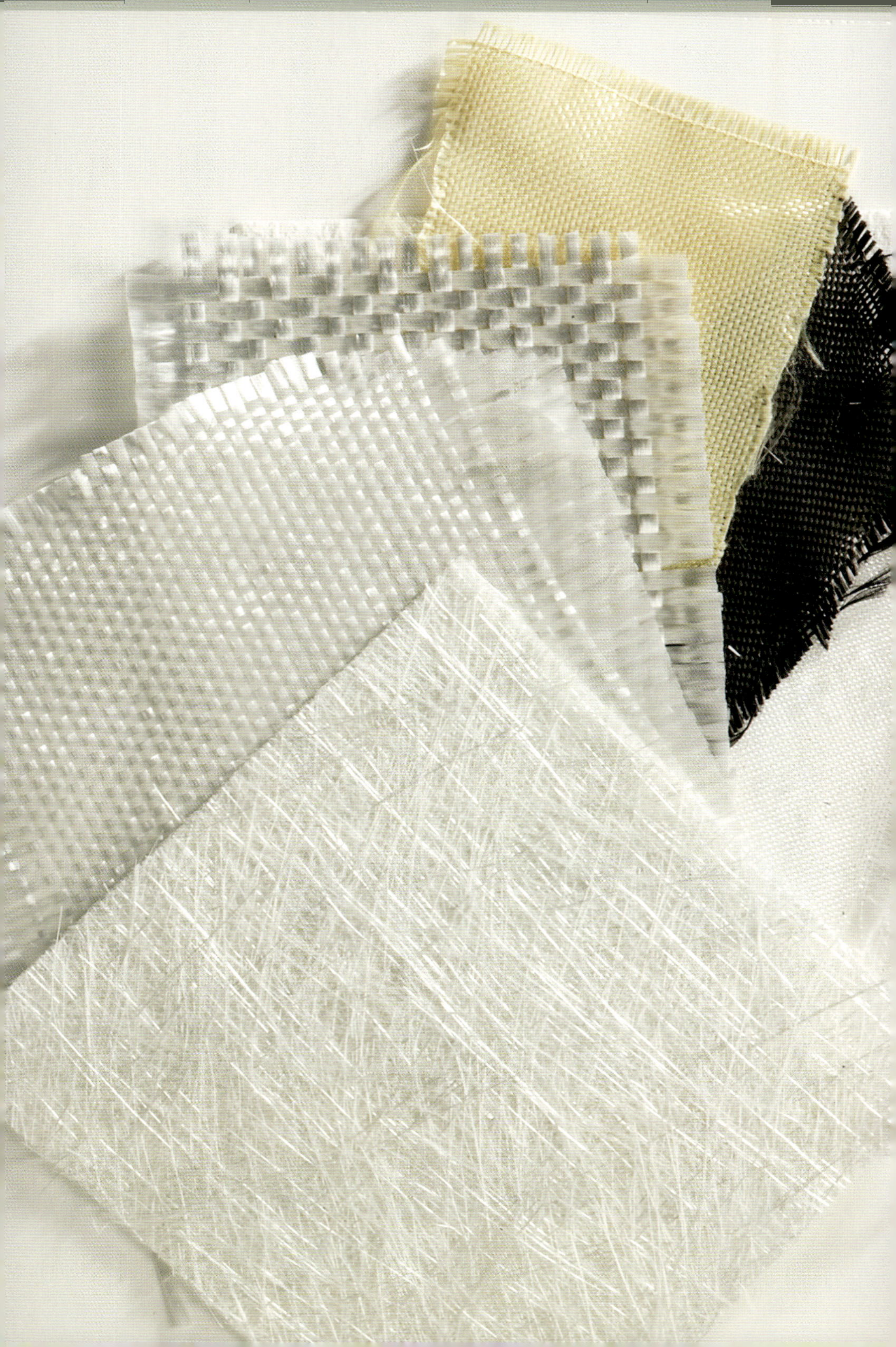

グラスファイバー

ガラスの細い繊維をマット状に織ると、柔らかく思い通りの形にできるグラスファイバー製品が出来上がります。グラスファイバーシートはスポーツ用品や自動車用品のボディ部の強化に使われるほか、軽量性・強靱さ・防水性が求められる製品（バスタブなど）や、プレ加工の池用ライナーおよびカスケード（水階段）など多くの屋外の造作に利用されます。

特徴：グラスファイバーは溶かした酸化ケイ素（これに他の酸化物も加えます）を回転させ、ノズルからファイバーを引き出して作ります。酸化物と添加物が違うとグラスファイバーの性質も異なります。たとえばフェノールは耐火性を高め、脆性（もろさ）を低減します（ただし強度も落ちます）。グラスファイバーは強靱で耐食性に優れ、温度の変化にも強い性質を持っています。通常は織ったものをエマルジョンバインダーでマット状に固め、原材料やパッチ補修に利用します。マットはポリエステル樹脂またはエポキシ樹脂と合わせてからバインダーを溶かし、型にファイバーを添わせて成形するのが一般的な使い方です。液状のポリエステルおよびエポキシ樹脂は現場で調合しますが（垂直面でも）垂れません。乾燥すると多少透明感が出ます。充填剤か金属パウダー、顔料を加えることもあります。

用途とメンテナンス：風雨に強い性質から、池のライナーから噴水、フェンスに至るまで、屋外で使われるメンテナンス不要のアイテムに幅広く使われています。成型が簡単で樹脂によって固まるので、グラスファイバー製バスタブ・シンク・自動車・レクリエーション用具の補修に使えますし、新たに何かを作ることも可能です。屋根の鼻隠し板やグラスファイバー製の屋根板の修理にはテープ状の製品があります。表面張りクロスは非常に目の細かいファイバーマットなので、グラスファイバーによる加工部に貼れば、ガラス繊維の粗い目を隠すことができます。

安全性と環境性：グラスファイバーと樹脂はいずれも皮膚や目に付着したり吸い込んだりすると有害なので、これらの製品には注意が必要です。日光に当たっても分解せず、リサイクルも困難です。不要になったら特別な処理で廃棄する必要があります。

入手先：建築資材取扱店・ボートおよび自動車の部品取扱店・ホームセンターで入手できます。

コスト：2　低い。

仕様：マット：幅90cm、厚さは様々。表面張りクロス：幅100cm。

WOOD • **RUBBER, PLASTIC, RESIN & LINOLEUM** • METAL • GLASS • FABRIC • PAPER • LEATHER • PAINT, VARNISH & LACQUER • STONE, CERAMICS & TILES • CONCRETE & CEMENT • PLASTER

ソリッド板

ソリッド板（パネル）は高圧化粧板（参照→p.59）と合わせて使うために開発されたものです。木製の下地の代替品として作られ、表面層の耐摩耗性を高めるために利用されるのが普通です。芯まで色が同じなのですり減りが目立ちませんし、均一な地の色が見える魅力的な縁になるというメリットがあります。

特徴： これは高性能で均質な素材で、鉱物を混ぜた樹脂を成型して作られます。表面は耐久性に優れ、サテン仕上げやグロス仕上げになっています。ルーター（くり抜き機）や酸エッチングで加工し、様々なテクスチャーを持たせたり象眼模様風にすることもできます。引っかきには弱く、強いまたは急激な衝撃を受けると割れや欠けが生じることがあります。表面に熱湯がかかってもダメージを受けませんが、長期に渡って高温にさらされると軟化してゆがみます。一般的にソリッド板は汚れや薬品に強く、無孔で毒性がなく、清潔です。

用途とメンテナンス： 木製の下地を使った製品は表面をおおうラミネート板より下地が柔らかいことが多く、過酷な摩擦を受けると用をなさなくなったり、ラミネート板が下まですり減ると外観が悪くなったりします。これに比べてソリッド板ははるかに硬く耐久性にも優れます。また積層木材の場合壊れやすい、または味気ないノージングのせいで持ち味が損なわれることがありますが、ソリッド板は縁のカバーが不要ですし、芯まで均質です。ソリッド板はドア・キャビネット・小個室の仕切り・キッチン・バスルームのカウンター・間仕切りに適しています。清潔で耐久性のある壁装材にもなります。鋭い刃物では傷が付くため、カウンタートップにする場合はまな板を敷きます。クリーニングの際は洗剤かクリームクレンザーを使います（研磨パッドやスチールウール付きスポンジは厳禁です）。濃い色のフルーツジュースの染みや着色は漂白剤でほぼ除去できます。

安全性と環境性： 設置後は無害ですが、切削・ノコ引き・サンディングの際は防護マスクが必要です（下地となっている樹脂のため）。生分解しませんが、リサイクル材を利用する新製品も開発されつつあります。

コスト： 4　高い。

仕様： 平板：1,220×2,440㎜、厚さは6・12・15・20㎜、約20色。

WOOD • **RUBBER, PLASTIC, RESIN & LINOLEUM** • METAL • GLASS • FABRIC • PAPER • LEATHER • PAINT, VARNISH & LACQUER • STONE, CERAMICS & TILES • CONCRETE & CEMENT • PLASTER

成型プラスチック

加熱して柔らかくしたプラスチックを型に通したり、押し出したりして様々なサイズ・厚さ・形の帯材にした素材です。何か製品ができて規格化されれば、すぐに成型プラスチックとしてデザイン・製造を開始できるくらい一般的です。PVC（ビニール）・ポリカーボネート・ポリエチレン・ナイロンなど様々な熱可塑性プラスチックや熱可塑性ゴムなどを使った既製部品が作られています。

特徴：成型プラスチックは軟化したプラスチックを金型に通すか、ワイヤーカッターもしくはレーザー機で成形切削して製造します。サイズや形は無数で（チューブ・溝形・山形・箱形など）、硬くも柔らかくもでき、厚さも自在です。デリケートまたは強靭な作りにしたり、透明・不透明・色付きにすることもできます。室温では軽量で丈夫です。酸やアルカリに強く、滑らかで形質も安定し、クリーニングが容易で耐摩耗性があります（ひっかき傷やえぐれ傷は付きます）。耐食性があり、汚れがこびり付きにくく、水がかかる厳しい環境にも耐えます。耐熱性は材料によって異なります。紫外線抵抗性を備えた、屋外での使用に適したものもあります。同時押し出し成形は2色または種類の異なるプラスチックを同時に押し出して融合させる方法です。

用途とメンテナンス：熱可塑性プラスチック製品の50％以上がプレハブの建築用製品で、高価で扱いが難しい伝統的な素材に代わって使われるケースが増えています。窓枠部品・ドアとドア枠・幅木・カーテンレール（特にシャワールームや出窓などのカーブした部分）などがその例です。かつて配管・排水管・雨樋には銅・鉛・真鍮・アルミニウムが使われていましたが、成型プラスチックのパイプが取って代わりました。また、外壁用のバイナルサイディング・鼻隠し板・建築物のトリム・吊り天井部品・階段段鼻・セラミックタイルのトリム・屋外用家具・フェンスの支柱の製造にも利用されています。

安全性と環境性：埋め立て処分されても分解しないプラスチックもありますが、リサイクルされる製品やリサイクル材から作られる製品が増えています。

入手先：窓・ドア・モールディング・建築部品は建材取扱店・電気用品取り扱い店・給排水設備取扱店、またはホームセンターで手に入ります。

コスト：3　中程度。

仕様：多くのメーカーで特別注文に合わせて形を作ってもらえます。

金属

　人類の文明で最も重要な発展の1つといえば、金や銅、錫など天然素材である金属の発見と採掘でした。紀元前2400年頃に銅具が発達して石器に代わったのを機に、技術の発達の方向や速度までが変化しました。加工して便利な道具にできるほか、後に銅は鋳造すると武器・コイン・壺・飲みものを入れる器・ジュエリーを作れることが分かったのです。金は変色とは無縁の美しさや加工のしやすさから引く手あまたとなりましたが、希少な上に比較的柔らかいため、主に装飾用に回されました。

　採掘した鉱石を加工する際、目的に合わせて最適な条件を追求するうちに合金が開発されました。種類の違う金属を加えると、母材となる金属の性質が変わります。銅の加工には相当な高温が必要でしたが、錫を添加することで融点が下がることが分かり、素材としての有用性が格段に増したのでした。これが銅と錫の合金である青銅の発見につながりました。青銅は金属細工に幅広く使われ、青銅器時代は工業が発展する方向を変えることとなったのです。真鍮は銅と亜鉛の合金で、硬くて腐食しないため工業用金属として古代ローマで多用されました。ただ銅は比較的希少で、一方鉄は豊富で比較的採掘しやすかったため、銅に代わって鉄が利用され始めました。鉄も頻繁に合金にされ、炭素と組み合せられた時に誕生したのがスチール（鋼鉄）です。紀元前2550年に中国でスチールが製造され、

使われていた証拠も残っています。

　現代の建設産業では、構造材用の金属として主にスチールが利用されています。合金の中でもスチールは大きなグループを形成し、その性質はニッケル・クロム・タングステンの添加によって変化します。一般的に金属は柔軟性や優れた強度、シンプルな機械で容易に手を加えられる加工性が重宝されます。銅と銀は導電性が高い重要な金属です。また銀はあらゆる金属の中で最も反射性が高く、鏡を作る際にガラスの裏に引く金属として用いられました。多くの金属は大気中に置くと錆びたり腐食したりしますが、鉛や亜鉛、真鍮などは、他の金属（銅など）を腐食から守るカバー材になります。

　金属は実用重視の構造材や縁の下の力持ち的役割に使われて外から見えないことも多いのですが、最近では住まいの表面仕上げ材としてとみに好まれるようになっています。スチールや銅、真鍮の備品は屋内と屋外用、いずれも販売量が増えつつあります。高炭素鋼の利用法が進化し、橋梁や高層ビルなどの上部構造に使われる素材の可能性がさらに広がると、それに応じて住まいに金属を取り入れるための知識も得られます。こうして、そのまま特徴として生かすスチール製階段や、露出した金属製の梁・柱・ブラケットが生まれたのです。

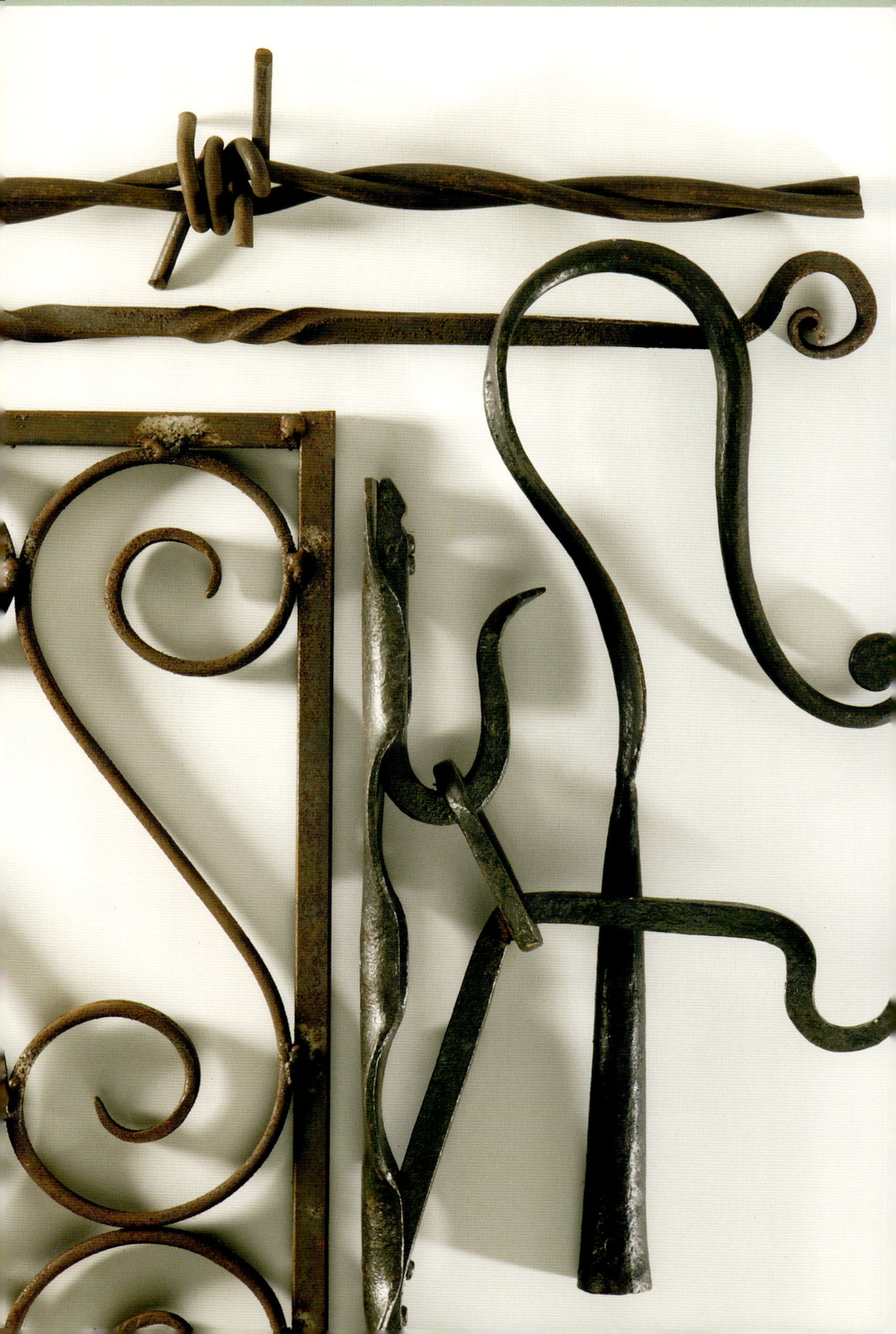

鍛鉄と錬鉄

鉄を火で熱して柔らかくし、鍛造してから曲げて成形した造作は装飾的なフェンスや門扉によく使われ、特に19世紀末に建てられた建築に多く見られます。この種の鉄は腐食に強い性質が広く知られています。現在の鉄加工製品は主に装飾的な工芸品ですが、その技術は職人に受け継がれ、既存の造作を維持するために必要なメンテナンス作業の中に生かされています。

特徴：錬鉄はほぼ純粋な鉄に非腐食性のガラススラグを最大5％加えたものです。鉄の中でガラススラグが線状ファイバーを形成することで、高熱を加えながらの加工が可能になります。この鉄は機械加工には向かず、鍛冶屋が金敷の上でハンマーを振るって鍛えます。錬鉄はねばりがあって滅多に割れず、引っ張りおよび圧縮に強い（鋳造された鋳鉄より強靱です）性質を備えています。手作りなので高価ですが、非常に長持ちします。

用途とメンテナンス：古代ローマでは建物用の構造材として使われ、中世では石造りのアーチやドームの形を維持するのに鍛鉄の帯筋が使われました。19世紀半ばを過ぎるころには橋や鉄道の駅に広く使われていましたが、より長いスパン（柱と柱の間の距離）が求められ続けた結果、ついに用途が装飾材に限られるようになりました。現在は主に装飾的な家具やアクセサリー、セキュリティゲートに使われています。屋外用家具には最適ですし、屋内でもチェア・ベッド・カーテンレール・照明器具・ドア用金具によく利用されます。ごく細かい細工を施すのにも適していますが、熟練した鍛冶技術によって鍛える必要があります。もともと腐食しにくいのですが、ペイントしてきちんとメンテナンスすることでさらに錆びにくくなります。屋外の鉄細工はまめに調べます。錆びが出ていたら除去してシールし（接合部は特に注意）、最長でも5年ごとに全体をペイントし直します。

安全性と環境性：形質の安定した長持ちする素材です。製品の寿命は製造に要したエネルギーに見合ってあまりあります。

入手先：長持ちするため、リサイクル品取扱店やアンティークショップでよく見つかります。オーダーメイド品は熟練した職人に依頼します。既製の新品は鍛鉄ではなく鋳鉄製なのが普通です。

コスト：4　高い。

仕様：用途やデザインによって異なります。

WOOD • RUBBER, PLASTIC, RESIN & LINOLEUM • **METAL** • GLASS • FABRIC • PAPER • LEATHER • PAINT, VARNISH & LACQUER • STONE, CERAMICS & TILES • CONCRETE & CEMENT • PLASTER

軟 鋼

軟鋼は低炭素鋼ともいわれ、建築に用いられる最も一般的なスチールです。現在は錬鉄に代わって使われ、家庭用の器具やキッチンツールから建材や装飾的なサイディングまで様々な製品に見い出すことができます。そのままでも使えますし、下塗りしてからペイントして（または耐熱エナメルをコーティングして）利用することもできます。長期に渡って安定した形質を保ちます。

特徴：スチールは鉄と炭素の合金で、軟鋼は炭素をごくわずかしか含んでいません（0.25％未満）。ただし他の金属を加えて高強度低合金鋼（HSLA）を製造することもできます。たとえば銅は耐腐食性を高めますし、ニッケルは表面性状を、窒素は強度と溶接性を向上させます。軟鋼を焼きなます（赤熱させてからゆっくり冷やす）と加工性とねばりが増します。耐候性鋼は速やかに酸化して濃褐色になり、耐腐食性があります。また軟鋼は亜鉛メッキをすると耐候性仕上げ（参照→p.83）になります。溶接・切削・ロール・折り・曲げ加工による成形が可能で、形質も安定しています。軟鋼が燃焼を促進することはありませんが、構造用鋼にする場合は被覆するか耐炎性のペイントを塗ります。引っ張り・圧縮には大変強く、低温でも耐衝撃性を保ちます。

用途とメンテナンス：優れた強度と溶接性を持つため、軟鋼は主にトラス・梁・まぐさ・柱に利用されます。特別な用途のものを製作することも可能です。間仕切りやパネルに使えるパンチ加工のものやシート状の製品もあります。チューブはテーブルの脚に使えます。その他、階段や階段の安全用段鼻などの用途もあります。亜鉛メッキ鋼は屋外用家具・プランター・じょうろ・側溝用の格子蓋などに利用されます。耐候性鋼は色が魅力的なのでよく彫刻作品に使われます。

安全性と環境性：軟鋼は強靱なので必要量を減らすことができ、効率的に使えます。スチールは新古を問わず100％リサイクルできます。

入手先：高レベルの下加工が必要なので、直接メーカーから購入します（詳細な連絡先については建築資材取扱店で聞けます）。

コスト：3　中程度。

仕様：多くの家具・建具・器具があります。金属用品取扱店で、様々な長方形・円形・正方形のチューブ・棒・板材が購入できます。

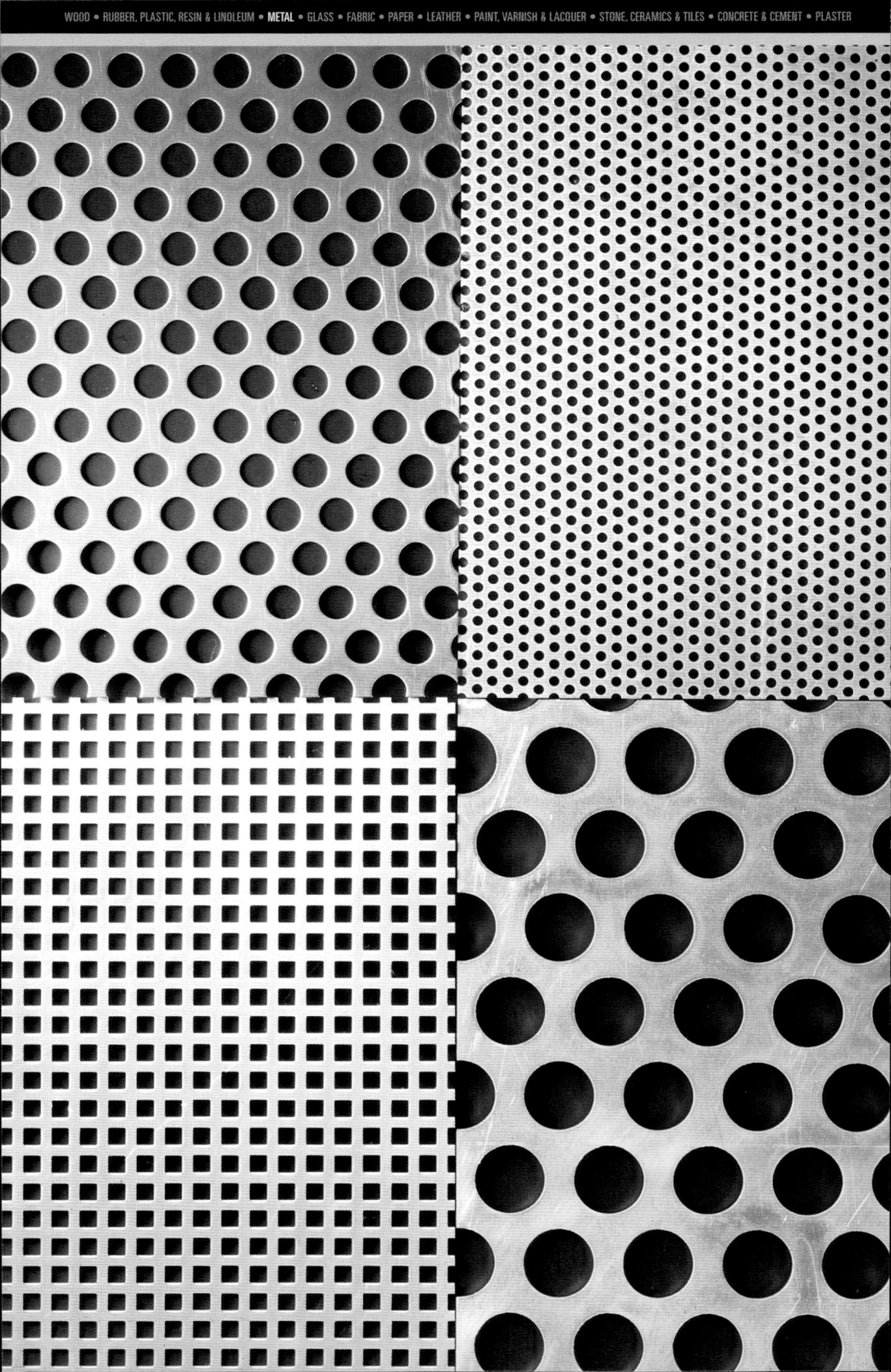

WOOD • RUBBER, PLASTIC, RESIN & LINOLEUM • **METAL** • GLASS • FABRIC • PAPER • LEATHER • PAINT, VARNISH & LACQUER • STONE, CERAMICS & TILES • CONCRETE & CEMENT • PLASTER

パンチ・ピアス加工シートメタル

シートメタル（板金）はパンチ・ピアス・プレス・穿孔加工をして様々な規則正しい模様をつけることができます。パンチ加工をしたこの種のシートは昔から機械および建材の部品や外装材として産業界で利用されていました。装飾的な使い道もありますし、メーカーに依頼して、細部に至るまで条件を満たす特定用途の製品を加工してもらうことも可能です。

特徴：この種の標準的なシートメタル（通常はアルミニウムかステンレス、または真鍮）は規則的なパンチ（孔開け）模様が付けられています。これによって素材の総重量を減らせますし、テクスチャーを持たせたり、下に敷いた別の素材が透けるよう透過性を付与して見える範囲を変えることが可能になります。パンチ加工シートメタルはロール・折り・曲げ加工によって成形しても安定した形質を保ちます（専用機器を使えば簡単です）。材料の金属や表面仕上げにもよりますが、水・蒸気・ほとんどの薬品に耐性があります。パネルの縁までパンチ加工が施されている場合、鋭くとがった部分ができるので、縁は丸めるか、金属製縁材またはトリムでカバーします。

用途とメンテナンス：インダストリアルデザインでは、グリルからデッキ材、家具に至るまで様々な用途に利用されています。多くのシートは磨き・陽極酸化・耐熱エナメル塗工による着色などのプレ加工が可能で、この場合追加処理は不要です。装飾的な間仕切り・壁板・手すり格子・カップボードドア・散光装置に使われます。カスタムメイドのシートを注文する際は、あらかじめ必要条件（縁の仕上げも）を細かく検討し、加工業者と打ち合わせて確認を取っておきます。シートメタルは濡れた布で拭いて簡単にメンテナンスできますが、表面仕上げは引っかきや強い衝撃によるくぼみなどのダメージを受けます。一般的に耐久性が高く、へこみはハンマーでたたいて直せます（ただし表面仕上げに付いた傷は残ります）。

安全性と環境性：未処理の縁は非常に鋭く、扱う際は危険が伴います。最終的に据え付けた時点で、必ずカバーされているようにします。金属製品はリサイクル性に極めて優れています。

入手先：高レベルの下加工が必要なので、直接メーカーから購入します（詳細な連絡先については建築資材取扱店で聞けます）。

コスト：3　中程度。

仕様：シートは厚さ0.5～9㎜。縁取り用トリムと縁受け用チャンネル（溝形材）は様々なスタイルがあります。
仕上げ：陽極酸化・磨き（サテンまたは光沢）・ペイント（耐熱エナメルポリエステル粉体塗装、色は60色）。

WOOD • RUBBER, PLASTIC, RESIN & LINOLEUM • **METAL** • GLASS • FABRIC • PAPER • LEATHER • PAINT, VARNISH & LACQUER • STONE, CERAMICS & TILES • CONCRETE & CEMENT • PLASTER

スチール製ネット

金属は織ってネットやクロス状に加工できます。異なる金属を用い、ゲージを変えることで、様々なサイズ・模様や仕様・品質のものが作れます。頑丈な網は産業用に数多くの具体的用途（フィルターやスクリーンなど）がありますが、がっしりした粗目か細目かを問わず装飾に用いると非常に魅力的で、平らなままで使うことも立体的な形にすることもできます。

特徴：耐熱性・耐火性・耐腐食性など必要な性質によって様々なスチールや合金が使われます。いくつかの模様があり、例としてはシンプルな正方形の平織り網目のメッシュ（縦線と横線の太さが同じで交互に交わり、網目が同サイズ）、平畳織り（縦線の網目が横線より大きい）、綾織り（縦線と横線が2本ずつ互いに乗り越している）などがあります。ワイヤークロスはプレスして薄くし、滑らかな表面に仕上げられています。細い金属糸をカラーシルクと一緒に織り上げて、婦人服やカーテン用の豪華なファブリックにしたものもあります。

用途とメンテナンス：細目のメッシュはハサミで切れますが、粗目のものはワイヤーカッターを使います。中目のメッシュは壁や天井に張ってフックをかけ、道具やキッチンツールを吊せます。ワイヤーが太いものは間仕切り・手すり格子・トレリスなどに屋内でも屋外でも利用できます。目の細かいメタルクロスはドラマチックな形に整えて照明のセードや窓のカバーに、または平らに張るかフリルを寄せてブラインドやスクリーンにすることも可能です。一度曲げてしまうとメッシュ（クロス）のしわは消えず、工場でロールをかけてもらわないと完全に平らには戻りません。メッシュの変色性や腐食性は材料の金属によります。またメンテナンスは水や化学薬品がかかるか、シーラントが使われているかどうかなどで異なります。

安全性と環境性：むき出しになったネットやメッシュの縁は非常に鋭利で扱う際は危険が伴います。最終的に据え付けた時点で、必ずカバーされているようにします。金属製品はリサイクル性に極めて優れています。

入手先：建築資材センターには頑丈な粗目のものがあります。細目は手工芸用品店で小さいシート単位で販売されています。コーディネートした結束用ワイヤー（メッシュ同士を組み立てるのに用います）もあります。金属製ファブリックはファブリック取扱店で購入できます。

コスト：2〜4　低い〜高い。

仕様：線は非常に細い〜非常に太い、網目はミクロン単位から2.5㎝まで、または産業用には最大で7.5㎝までのグレードがあり、ロール単位で、あるいはカットされたものが販売されています。

WOOD • RUBBER, PLASTIC, RESIN & LINOLEUM • **METAL** • GLASS • FABRIC • PAPER • LEATHER • PAINT, VARNISH & LACQUER • STONE, CERAMICS & TILES • CONCRETE & CEMENT • PLASTER

銅

銅は5,000年以上前から採掘され、現在残っている最も古い金属の道具やジュエリーには銅製のものがあります。赤みを帯びた光沢のある金属で、水分や化学薬品にさらされると緑または茶色の古色を帯びます。様々な形やフォルムに加工され、配管用パイプから高級ポット・鍋に至るまで、特定の技術的または装飾的な目的に利用されています。

特徴：非常に熱伝導性と導電性に優れた素材です。耐候性があり（硝酸には溶けます）、毒性がなく展性を備え、扱いが楽です。専用の機器を使えば簡単にロール・折り・曲げ加工が可能で、成形後も安定した形質を保ちます。化学薬品で処理をすれば鮮やかまたは深い緑色や茶色にしたり、斑紋やテクスチャーを付与するなど様々な仕上げが可能です。銅は柔らかいので構造材には向きません。種々の金属と合わせて合金を作ることができますし、燃焼せず、燃焼を促進することもありません。

用途とメンテナンス：銅製パイプは水道やガス管に、銅線は電気・電子機器に大変広く使われています。板材は屋根に利用されます。風雨に強いなど機能的に優れるのはもちろん、自然な美しさが映える仕上げ材でもあるためです。屋内外の家具・照明器具・鉄細工・装飾用工芸品にも重要なパーツとして用いられます。屋内では熱にさらされる部分に使えます。キッチンや暖炉のフード、カウンターやバックスプラッシュ、調理器具やカトラリーなどがその例です。バスタブ・シャワートレー・洗面器など水場にも適していますが、ピンクがかった赤い色の仕上げが変色しないようにしたい場合はシーラントを塗ります。槌目（たたき）仕上げやディンプル仕上げでテクスチャーを添えることもできます。

安全性と環境性：銅は全く性質を損なうことなく繰り返しリサイクルできます。

入手先：金属用品取扱店で板または金属箔が入手できます。銅製のパイプ・ワイヤー・棒などは建築資材取扱店で。

コスト：4　高い。

仕様：平板は注文に合わせてカット、メーター単位で販売されます。厚さは2〜50mm。パイプ・ワイヤー・棒・金属箔・インゴットのほか、多くの複合品（ペイントなど）があります。

WOOD • RUBBER, PLASTIC, RESIN & LINOLEUM • **METAL** • GLASS • FABRIC • PAPER • LEATHER • PAINT, VARNISH & LACQUER • STONE, CERAMICS & TILES • CONCRETE & CEMENT • PLASTER

真鍮

真鍮はリッチな金色ゆえに昔から甲冑や宗教的モニュメントの作製に使われてきました。また、初期の精密機械と時計の製造にも真鍮が利用されました。現在素材の形ではあまり手に入りませんが、実用的または装飾的な用途に、ほぼ無数の部品や付属品が作られています。

特徴：真鍮は銅・亜鉛・鉛・錫の合金で、配合の割合を変えれば性質も違ってきます。プレート状にして用いられることが多いのですが（メッキ用）、曲げに強く弾力性に優れるため、工学分野でも高い耐久性を発揮します。腐食はしませんが無シールで湿気にさらされると緑色を帯びます。クロムや金、その他の金属をメッキする際の地金として、またホーロー引きにも最適です。導電性があり、磁気を帯びず、高温にも耐え、軟化・燃焼せず、燃焼を促進することもありません。

用途とメンテナンス：通常は工業用部品やパイプなどの建材として、またメッキをし、装飾仕上げや耐腐食性を持たせた表面仕上げ済みの完成品として製造されます。真鍮は屋内外用の器具としても使われます。ドアノブ・鍵・照明器具・蛇口・装飾品などがその例です。暖炉囲いや火かき棒など暖炉に使う道具にも用いられます。パンチ加工シートはラジエーターグリルや間仕切り・キャビネットドアのパネルにもなります。薄いシートはレーザーでエッチングして模様を付けることも可能です。変色や緑色を帯びるのを防ぐにはシーラントで処理します。化学処理によってアンティーク風に色づけすることもできます。クリーニングはつや出し剤か超音波振とうで行います。鉄製品やキッチン・バスルーム器具に真鍮メッキをすると滑らかで光沢のある仕上がりが映えます。真鍮をホーロー引きにしたものはジュエリーやドアノブ、蛇口ハンドルなどに使われます。

安全性と環境性：真鍮は回収・リサイクルが積極的に進められているので環境に優しい素材です。

入手先：レーザーエッチング用の薄いシートはエッチング加工会社で入手できます。金属メッキやホーロー引きをした真鍮製品・器具は様々な小売店のほか、リサイクル品取扱店やアンティーク品販売店で購入できます。

コスト：3　中程度。

仕様：コンピューター制御によるレーザーエッチング・酸エッチングでデジタルイメージを施すためのシート（厚さ0.5mm）があります。真鍮はほぼどんな金属にもメッキできます。

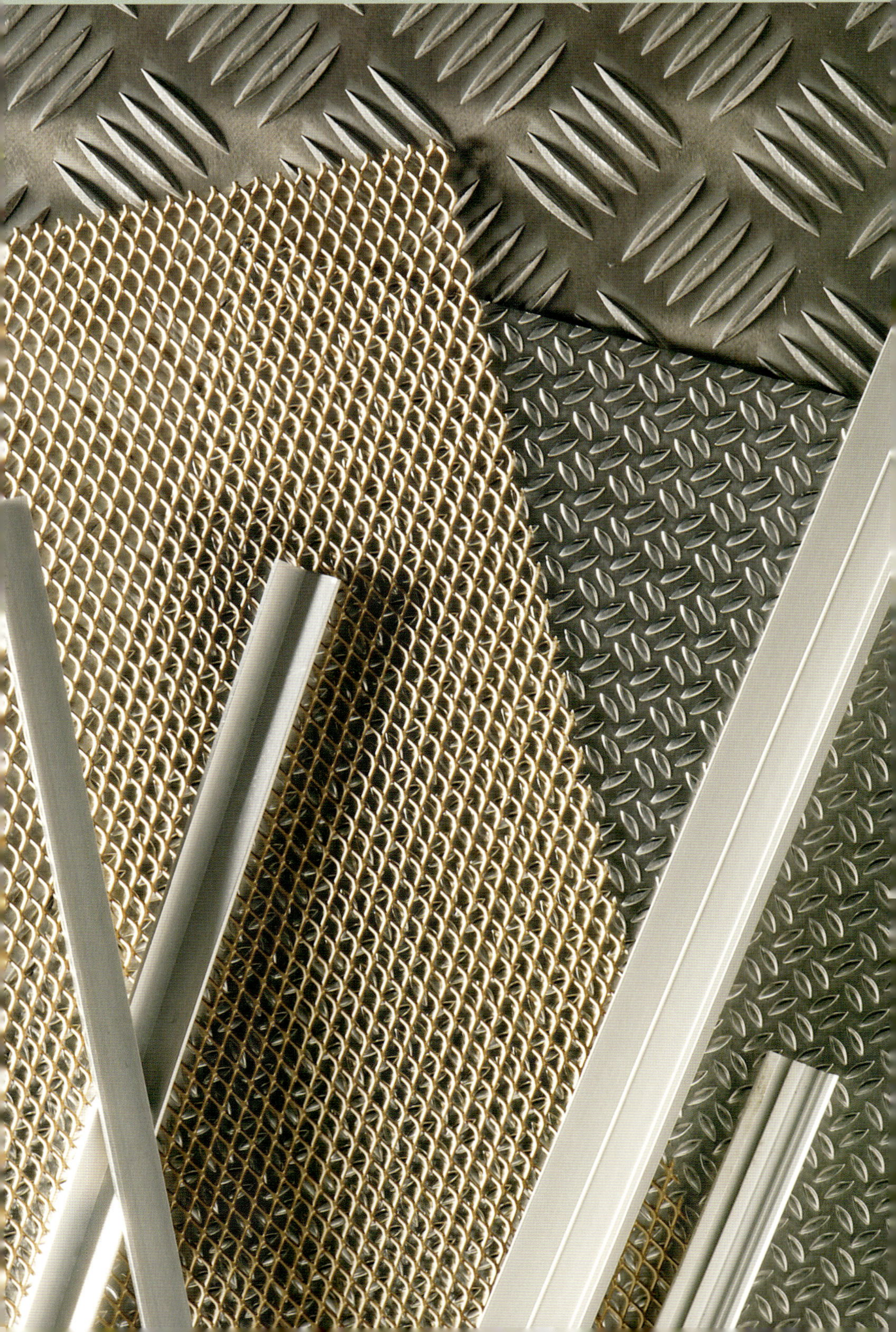

アルミニウム

銀白色のアルミニウムは通常薄板の形で販売されます。ロール・プレス・パンチ・織り加工が可能で、種々の規則的な模様を付けることができ、昔から工業的な用途に使われています。フックやレール、屋外用家具など通常の家庭用品としても広く用いられていますが、融通が利くため、チェアから庭園に飾る彫刻に至るまで、オーダーメイド品に利用範囲を広げることもできます。

特徴：アルミニウムは専用の機器を使えば簡単にロール・折り・曲げ加工が可能で、加工後も安定した形質を保ちます。磨き・陽極酸化・耐熱エナメル塗工など種類を問わず、プレ仕上げが施されていれば追加仕上げは不要です。水・蒸気・ほとんどの化学薬品に耐性がありますが、研磨剤入りクレンザーを使うと傷が付きます。処理しなければ錆びますし、銅・鉄・スチール（またはこれらの金属を含む製品）に接触すると異種金属接触腐食（異なる金属が接触して生じた電流による腐食）を起こします。アルミニウムは接触しているコンクリートやモルタル、プラスターが乾燥する過程で変色する可能性があります。また燃焼せず、燃焼を促進することもありません。

用途とメンテナンス：工業分野で樋・グリル・サイディング・デッキ材など建材に広く用いられるほか、家具やその他のデザイン商品にもよく使われます。装飾的なスクリーン・壁板・ギャップカバー材・カバー材・散光材の製造にも利用されます。カスタムメイド品を注文する際は、あらかじめ仕上げや縁加工について細かく加工業者と打ち合わせて確認を取っておきます。縁加工には鋭利な縁を丸める、またはトリムやフレームでカバーするなどの選択肢があります。アルミニウムは濡れた布で拭いて簡単にメンテナンスできますが、表面仕上げには引っかき傷が付きます。一般的に極めて耐久性が高く、へこみはハンマーでたたいて平らにできますが、この方法で表面仕上げの傷は直せません。

安全性と環境性：むき出しになった薄板の縁は非常に鋭利で扱う際は危険が伴います。最終的に据え付けた時点で、必ずカバーされているようにします。

入手先：直接メーカーから入手するほうがよいでしょう。詳細な連絡先については建築資材取扱店で聞けます。縁加工用にはトリムやチャンネルなどがあります。

コスト：3　中程度。

仕様：プレス・パンチ・織り加工の薄板は模様によって厚さ0.5〜9㎜。
仕上げ：陽極酸化・磨き・耐熱エナメルポリエステル粉体塗装による着色。

WOOD • RUBBER, PLASTIC, RESIN & LINOLEUM • **METAL** • GLASS • FABRIC • PAPER • LEATHER • PAINT, VARNISH & LACQUER • STONE, CERAMICS & TILES • CONCRETE & CEMENT • PLASTER

ステンレススチール

ステンレスは家庭用の機器や備品に広く使われるなじみ深い金属で、形質の安定性・耐腐食性・均質で光沢のある仕上がりから、実用性を重視する多種多様な用途に使われています。その優れた性質は店舗用キッチンでも昔から重宝されています。装飾材としても大きな可能性を備える上、強度と耐久性ゆえに構造材の製造にも適しています。

特徴：ステンレスはクロムを含む低炭素鋼であり、耐水性と大気中での腐食に対する耐性を備えています。等級によっては酸や塩素にも耐えます。引っ張り・圧縮に大変強く、耐熱・耐火性があります。低温でも耐衝撃性を失いません。強度があるため薄肉化が可能で、必要量の面からも非常に効率的です。溶接・切削・ロール・折り・曲げ加工によって成形でき（専用の機器を使います）、成形後の形質も安定しています。長い寿命の間も安定した性質を保ちます。ステンレスは特に欠点がないのでシーラントを塗ったり表面保護処理を行う必要がありません。

用途とメンテナンス：ステンレスは劣化せず、シーラントも表面仕上げも不要です。ヘアライン仕上げの端正な外観はハイテクでモダンな印象です。表面が滑らかで拭き掃除が簡単なので、厳格に衛生的に保つ必要がある場所には最適です。屋外用家具・エクステリア用照明器具・家庭用機器・鉄細工など屋内外の製品に利用されます。壁用タイルなど新しい用途の開発も常時進んでいます。シートはバックスプラッシュに使えますし、シンク・ノージング・モールディングと一体型のカウンタートップに成形することもできます。シートはパネル板や水がかかるエリアの内張り、庭のデザインでは構造的または装飾的なパーツに用いることが可能です。

安全性と環境性：非常に強靭な素材なので効率的に使うことができます。新古を問わずステンレスは100％リサイクルできます。

入手先：高度な下加工が必要になるので、直接メーカーから入手するほうがよいでしょう（詳細な連絡先については建築資材取扱店で聞けます）。金属用品取扱店で様々な棒・チューブ・シート材が購入できます。

コスト：4　高い。

仕様：様々な調度品・備品・機器があります。
キッチン用表面材には厚さ2mmの平板を使います。

WOOD • RUBBER, PLASTIC, RESIN & LINOLEUM • **METAL** • GLASS • FABRIC • PAPER • LEATHER • PAINT, VARNISH & LACQUER • STONE, CERAMICS & TILES • CONCRETE & CEMENT • PLASTER

亜 鉛

光沢のある青白いシートメタルで、時間が経過するにつれ色が濃くなってつややかな青灰色になります。かつてフランスの酒場ではカウンタートップといえば亜鉛でできているのが普通だったので、亜鉛が酒場の代名詞になったほどです。ワインがこぼれてもひじにこすられても影響を受けないばかりではなく、ほかにも多くの特徴があるため、園芸用具や装飾、他の金属にかぶせる保護膜など様々な目的に使われています。

特徴：亜鉛はもろいのですが、簡単に切れて、少し加熱すると打ち延ばしできるようになるため、入り組んだ複雑な形に加工するのに向きます。燃焼せず、燃焼を促進することもありませんし、水に溶けないので腐食しません。塩分にも耐性がありますが酸とアルカリには溶けます。亜鉛はよくメッキ材にも使われます。薄い亜鉛の層を形成することで鉛・鉄・スチールの表面が非腐食性になります。すっきりした仕上げになり、非常に堅固です。

用途とメンテナンス：亜鉛は平板または鋳造品として使われるほか、他の金属のメッキ材・複合材として利用されます。耐水性があるので屋外に最適で、樋・立て樋・屋根材・サイディングとして長期間メンテナンス不要で役目を果たします。亜鉛メッキ製品には園芸用品・プランター・家具・手すりなどがあります。屋内ではバーカウンターのトップ・キッチンカウンター・バックスプラッシュなど水がかかるエリアに特に向いています。清潔に保てる表面材ですが、それほど丈夫で硬いわけではないのでまな板を敷きます。亜鉛は水を張る容器にも使えます。日本風の深い木製バスタブを据える場合は亜鉛で内張りするほうがよいでしょう。樽のような木材のみのバスタブでは常時満水にしておかないと水漏れします。

安全性と環境性：亜鉛は全く性質を損なうことなく繰り返しリサイクルできます。全亜鉛製品の3分の1以上が再生亜鉛からできています。

入手先：金属用品取扱店で入手できます。または建築資材センター・リサイクル品取扱店・アンティーク品販売店で未加工の地金や既製品が手に入ります。

コスト：3　中程度。

仕様：平板は注文に合わせてカット、長さ単位で販売されます。厚さは2〜25㎜。ワイヤー・棒・金属箔・インゴット・複合品があります。

WOOD • RUBBER, PLASTIC, RESIN & LINOLEUM • **METAL** • GLASS • FABRIC • PAPER • LEATHER • PAINT, VARNISH & LACQUER • STONE, CERAMICS & TILES • CONCRETE & CEMENT • PLASTER

鉛

マットな濃灰色のシート材です。柔らかくて展性があり、手作業でも容易に加工できます。はるか昔から配管や防水用に使われ、古代ローマでは導水管に用いられていましたし、複雑な形のドーム屋根にカバー材として利用されている光景も目にします。鉛は多くの製品に成分として使われ、クリスタルガラスや釉薬のほか、一部のペイント（現在はほとんど配合が中止されています）に含まれています。

特徴：鉛は非常に重いので輸送しにくい金属ですが、強風下でも形質が安定しています。高い比重ゆえに振動や音波の低減に役立ちます（X線・ガンマ線・核放射線のシールドにも利用されます）。体内に鉛が蓄積すると中毒になる恐れがありますが、昔は水道管に広く使われていました。現在ある鉛管はライムスケール（石灰のかす）が内側に沈着し、鉛の影響を軽減していると思われます。配管工事の際は、古い鉛管に改めて銅管をつなげるよりも配管全体を取り替えるよう勧められるでしょう。鉛は腐食しないので風雨にさらされるエリアに最適ですが、異種金属接触腐食を起こすので、備品には銅かステンレスを使う必要があります。適切に設置すれば鉛はメンテナンス不要で長持ちします。燃焼しませんが、融点は低く327.4℃です。

用途とメンテナンス：通常は平板として防水・樋・雨押さえ・でこぼこした部分のカバー材に使われます。柔らかいのでしっかりした下地の上に敷く必要があります。深みのある輝きを持つのでパネル板としても魅力的です。羽目板はバスルームを含めて場所を選ばず使えますが、柔らかいことに変わりはないのでダメージには弱い所があります。食材を調理するカウンタートップに使うのは厳禁です。屋外での用途には最適で、植木鉢カバー・庭の造作のパネル・噴水のパーツとして利用できます。ただし新しい鉛製品を屋外に置くと酸化して白くなり、この白いものが雨で流されると隣接するものに染みがつきます。変色を防ぐには溶剤性または水性のシーラントで処理します。

安全性と環境性：飲み込んだり吸い込んだりして体内に蓄積すると毒性があるので、未加工の地金を扱う際は防護手袋とマスクを付けます。使われた鉛は環境を意識した、積極的に資源をリサイクルするプログラムを通じて回収されます。

入手先：金属用品・建築資材取扱店で入手できます。またはリサイクル品取扱店・アンティーク品販売店で未加工の地金や既製品が手に入ります。

コスト：4　高い。

仕様：平板は注文に合わせてカット、メーター単位で販売されます。厚さは2〜25㎜。ワイヤー・棒・金属箔・粉末・インゴットのほか、多くの複合品があります。

ガラス

　ガラスの生産が始まったのは紀元前3000年のメソポタミアにさかのぼると考えられ、当時は小さな塊状に作られて高価な宝石として利用されていました。古代エジプトに伝わる頃には、溶かしたガラスを型に巻き付けて容器や装飾物を作る技術が開発されていました。1世紀頃には、シリアで吹きガラス製法が考え出されています。古代ローマでこの技術が取り入れられると、ガラスを使った装飾がローマ帝国全体に広がります。メソポタミアとエジプトでは引き続きガラス産業が栄えますが、ヨーロッパではローマ帝国の衰退とともに停滞期が訪れます。しかし13世紀になるとヨーロッパのガラス生産量はいや増し、ベネチアが装飾ガラス製作の中心地として特に発展、北ヨーロッパでは窓ガラスを製造する工業が始まります。

　当初窓ガラスは円筒形に拭いたガラスを熱いうちに切って平らにする方法で作られていました。こうしてできたガラス板は小さく透明度にもむらがありましたが、鉛線でつなぎ合わせることで広い面積の窓も埋めることができました。クラウンガラスはフランスで開発されたもので、1330年に登場しました。これはガラスに息を吹き込みながら回して円盤状に成形、さらに形を整えて四角い板にする製法で、中央に丸いくぼみが残るのが特徴です。クラウンガラスはかなり透明度が高く、19世紀半ばになるまで広く窓に使われました。

ガラスの大きさ・平坦性・透明性は手と機械による研磨を組み合わせることで次第に向上しましたが、手吹き加工から機械でガラスが生産できるまでに技術が発達したのは、ようやく20世紀初めになってからです。平板なガラスを作るためにまず成形される円筒形ガラスのサイズも少しずつ大きくなり、構造的なムラも減っていきました。

　そしてついに、冷めてからカットできる平らなガラスの製造が可能になります。現在使われているガラスの基礎となるフロートガラスが開発されたのはつい最近、1959年のことです。フロートガラスは枠で囲った溶融錫の上に溶けたガラスを流し込んで作ります。ガラスは常に新製品が開発され続け、サイズの大きいもの、構造的な機能・表面強度に優れたもの、大小のカーブを持つもの、紫外線フィルターや日光反射層を備えたもの、ボタン一つで透明から不透明になるインテリジェントガラス、セルフクリーニング仕様のガラスなどが生まれています。

　ガラスを使う際は安全性を検討することが大切です。低い位置に設置する場合は強化ガラスを使わなければなりませんし、構造材として用いるガラスはきちんと荷重などを計算し、公的検査を受けても合格できるようにしておく必要があります。また、計画を立てる際はガラス構造の中に住むことで余儀なくされる「ガラス張り」生活のリスクはもちろん、「ランタン効果」にも配慮すべきでしょう。ガラス張りにすると近隣や夜空に発散される光量も増えるからです。

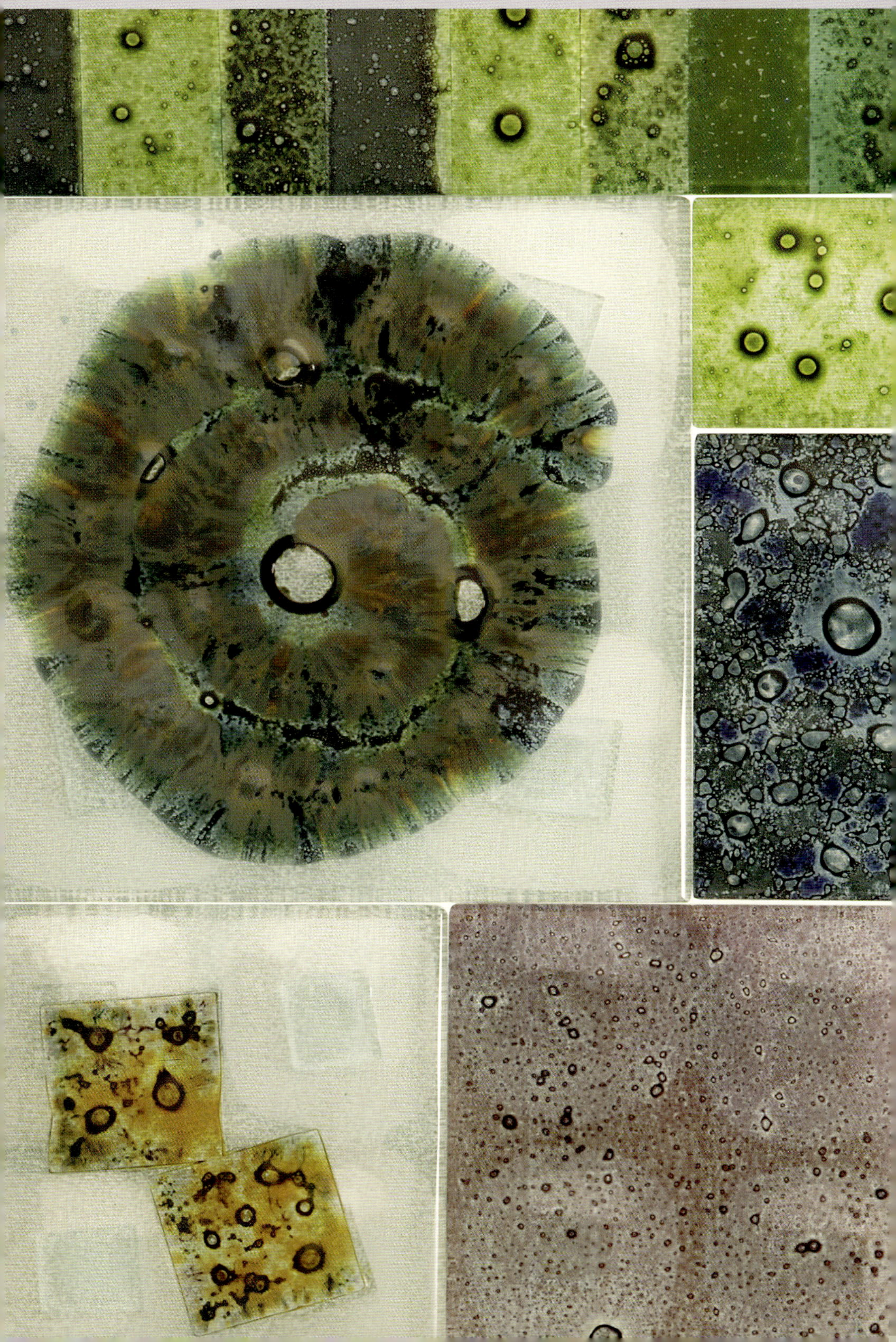

積層ガラス・合わせガラス

2枚以上のガラス層を重ねた、または板ガラスに透明プラスチックのフィルムをコートした合わせガラスには様々な性能と装飾的メリットがあります。これによって外観を損なうことなくガラスを強化し、層の間に種々の効果を「封じ込める」可能性が拓かれました。合わせガラスは装飾材または構造材として屋内外の用途に適します。

特徴：ガラス自体は光や水に影響を受けませんし、汚れがしみついたり熱によるダメージが起こることもありませんが、砂利にこすられると摩耗します（例：砂浜に落ちているガラスの破片）。極低温では、温度の低下につれ例外なくもろくなっていきます。フィルムラミネートの板ガラスは耐衝撃性が向上しています。防弾ガラスもその例です。板ガラスに反射フィルムをラミネートして日光をはね返し、ソーラーゲイン（ガラス越しに差し込む日射熱の蓄積）を低減させることも可能です。ガラスの表面は一般的に滑らかで丈夫、ひっかき傷に強くて清潔ですが、テクスチャーを付与することもできます。ガラスは完全に透明なものも、半透明なものも作れます。

用途とメンテナンス：合わせガラスはサンルーム・カウンタートップ・階段の踏み板・テーブルトップ・支柱など構造材として使えます。全面がガラスのドアや大きな間仕切りなど多くのケースで安全のために合わせガラスが必要です。ガラスの保護層の間に挟む装飾的な中間層には、織物・押し花などの小物・金属・カラーフィルムなどがあります。ガラスの破片を挟んで割れガラスのように見えるよう演出することもできます。これなら安全で手入れも簡単です。この種の装飾的な合わせガラスパネルはスクリーンや間仕切り、手すりのほか、庭の設備や噴水などの水場に利用できます。またエッチング・サンドブラスト・着色・曲げなど他の加工を加えて様々な効果を出すことも可能です。合わせガラスは丈夫で、ガラスクリーナーや酢によって簡単にクリーニングできます。

安全性と環境性：ガラスは長持ちで形質的にも安定した素材で、リサイクルが可能です。

入手先：積層によって構構造的な強度・耐火性・日光反射などの機能を付与したガラスは容易に入手できますが、注文してカットしてもらう必要があります。ほとんどの装飾的合わせガラスは建築用ガラス取扱店に依頼し、条件に合わせてオーダーメイドしてもらいます。

コスト：4　高い。

仕様：標準の透明ガラスは8種類の厚さ（4～25mm）があります。カラーガラスの種類は少な目になります。備品を取り付ける穴の大きさや位置は注文時にメーカーと打ち合わせて確認を取り、ドリルで開けてもらいます。

WOOD • RUBBER, PLASTIC, RESIN & LINOLEUM • METAL • **GLASS** • FABRIC • PAPER • LEATHER • PAINT, VARNISH & LACQUER • STONE, CERAMICS & TILES • CONCRETE & CEMENT • PLASTER

エッチングガラスとサンドブラストガラス

サンドブラスト加工や酸によるエッチング加工を行うとフロスト（つや消し）模様を付けられ、板ガラスに微妙な立体感のあるテクスチャーを付与することができます。この効果は窓を一様に半透明にしてセキュリティやプライバシーを向上させる（例：バスルーム）目的にも使えますし、装飾にも利用できます。エッチングによって模様や文字を刻み込む仕様は玄関のガラス張りドアや、エントランス上の明かり取り窓によく見られます。

特徴：エッチングは「バイト＆グラインド」という方法で行われます。まずエッチングをしない模様部分をマスキングしてから、ガラスに瀝青ベースのペイントを塗ります。それから酸洗によって「バイト（腐食）」し、細かい砂で「グラインド（研磨）」します。サンドブラストは圧縮空気とともに異なるサイズの砂をガラスに吹き付け、様々なトーン・深さ・テクスチャーを生み出す技法です。模様はガラス地が透明でもカラーでも白っぽい曇りとして浮かび上がり、どちらの面から見ても同様に半透明になります。テクスチャーは艶消しのマットですが、濡れるとわずかに透明度が増します。未加工側は滑らかなのが普通です。ガラスの性質は加工後も未加工のガラスと変わりません。

用途とメンテナンス：視覚的な装飾効果には、ランダムなテクスチャー（繰り返し模様・幾何学模様・自然模様）から、絵画的デザインまたは文字（看板・標識用）まで種々のものがあります。プライバシーの向上が目的ならば、加工面を屋内側に向けて設置します。雨でエッチング加工側が濡れると透けがちになるためで す。エッチング加工はある程度直射日光を遮るのでソーラーゲインの低減にも役立ちます。また、模様がなければ存在がわかりにくい大面積のガラス面や磨いたガラス床の滑り止めなど、模様付けは安全策にも利用されます。鏡・ランプ・テーブル・間仕切りにも装飾としてエッチングが施されます。曇りガラス風の粘着シートで酸エッチングを模すこともできます。

安全性と環境性：ガラスは長持ちで安全、形状も安定し、リサイクル可能な素材です。

入手先：フロスト加工や立体的なサンドブラスト加工をした様々なガラス製品があります（花瓶・脚付きグラス・装飾品など）。オーダーメイドでエッチング加工をしてくれる会社はガラス取扱店や加工専門会社を通じて探してみて下さい。模様加工済みの板ガラスはドア・窓メーカーにも在庫があります。エッチング加工のガラススクリーン・鏡・芸術作品はリサイクル品取扱店やアンティークショップで見つかることがあります。

コスト：3～5　中程度～非常に高い。

仕様：個人の条件に応じてあつらえる必要がある場合がほとんどです。仕上がりはネガ（背景がフロストで模様が透明）とポジ（背景が透明で模様がフロスト）があります。

WOOD • RUBBER, PLASTIC, RESIN & LINOLEUM • METAL • **GLASS** • FABRIC • PAPER • LEATHER • PAINT, VARNISH & LACQUER • STONE, CERAMICS & TILES • CONCRETE & CEMENT • PLASTER

ステンドグラスとレディドグラス

色ガラスの小さいかけらを鉛線でつなぎ、模様や光景、像を作り上げるテクニックは何世紀もの間ほとんど変わっていません。これは元々、教会が神の栄光をたたえる宗教的な肖像画を作るために好んで用いたものでした（高価なので、教会くらいしか発注できませんでした）。ルイ・コンフォート・ティファニーなど、アールヌーボー時代のデザイナーがさらに洗練を加え、修復家や現代のアーティストの一部がその技能を今に伝えています。

特徴：ほとんどのケースが手作りなので、品質はメーカーの技術・芸術的な手腕次第です。ガラスは溶融した状態で着色料を混ぜて色付けします。均一に色付けすることも、グラデーションを付ける場合もありますし、ガラス片に手作業でペイントしたり、酸エッチングやサンドブラストで加工することもできます。幾何学的または不規則な形に作られたガラス片は鉛か銅でつなぎ、接合部をハンダ付けしてから専用のセメントで補強します。鉛やセメントは大気によって変質しやすく、保護策を取らない場合はきめ細かいメンテナンスと、おそらくは組み直し（約15年ごと）が必要になります。着色料によってガラスの性質も変わりますが、ほとんどの場合は弱くなります。ステンドグラスのガラスと鉛の接合部の強度に差はありませんが、新しい製品は安全性の向上のため積層になっているものもあります。

用途とメンテナンス：目隠し（カーテンやブラインドの代わり）または日光の拡散用に、装飾を兼ねて窓にステンドグラスをはめることもできますが、ていねいなメンテナンスが必要です。自然光やランプ光に照らされると一番映えます。裏当てガラスがないと構造的な強度には欠けます。鉛枠の窓にはよくベベルガラス（面取りガラス、周囲が斜めにカットされています）が使われ、立体的な効果を高めています。現在は、ペアガラスに対応したステンドグラスや鉛枠またはベベルガラスの窓も作られています。リキッドレッド（レディング）（鉛風の枠線を描くペースト）を窓の内側に塗って鉛枠風にする方法もあります。

安全性と環境性：古いステンドグラスはリサイクルされるよりも回収・再利用されるのが普通です。

入手先：各条件に応じて様々な設計・デザインを個人で引き受けてくれる職人に依頼します。大手のステンドグラスメーカーでも、通常は大量注文に限らず単発の小口注文も引き受けてくれます。材料は手工芸用品店、カラーガラスはガラス取扱店で入手できます。

コスト：4　高い。

仕様：200色ほどのカラーガラスがあります。

WOOD • RUBBER, PLASTIC, RESIN & LINOLEUM • METAL • **GLASS** • FABRIC • PAPER • LEATHER • PAINT, VARNISH & LACQUER • STONE, CERAMICS & TILES • CONCRETE & CEMENT • PLASTER

ガラスブロック

ガラスブロックは分厚いガラス製で、中までガラスが詰まったものと中空のタイプがあり、サイズや表面テクスチャーも様々です。1個だけを使うことも、積み重ねて間仕切りやスクリーンを作ることもできます。ブロックは光を通しますが、反対側の光景はゆがんでよく見えません。工夫して自然光やアクセント照明を当てると素晴らしい効果が得られます。

特徴：ガラスブロックは圧縮には強いのですが、荷重壁にはできません。また周囲の構造からは伸縮調整目地を使って分離しなければなりません。水平構造が不安定な所で長いブロック壁を設置する際は支柱が必要です。ガラスブロックは非常に重いので、既存の構造には十二分な耐荷重性を持たせるようにします。ブロックはグラウト（目地モルタル）で接着し、シリコン材でシールします。ブロックの厚さや中空部分によって光がゆがめられ、光透過率が75％にまで抑えられるため、何かが近づいてもおぼろげな姿しか見えませんし、遠ざかれば全く見えなくなります。また、ブロックの空洞部分が多少防音性を発揮します。ガラスブロックは燃焼を促進しませんし、ほとんどの新しいブロックは最低45分間の耐火性を備えています。

用途とメンテナンス：建物のサイディングや、見通せると困るけれども光を取り入れたい壁、落書きやその他の破壊行為を受けやすい部分（地下室の窓など）に利用されます。内壁でも光を取り込むのに大変効果的で、たとえば隣の空間の光を廊下に借りるという使い方もできます。シャワールームやバスルームでは間仕切り壁や外壁としても優れた素材です。壁はブロックのサイズにもよりますが、最小内側半径80cmまたは2.5mまでカーブさせることができます。ブロックは階段用のプレ成形の踏み板やキッチン用スクリーン、半透明の部屋用間仕切りなどにも効果的に使われています。床や通路にはめ込んで閉塞感を和らげたり光を透過させることも可能です。作り付けの屋外用家具や水場にも利用されます。

安全性と環境性：ガラスは耐久性に優れるので再利用が可能です。壊れたブロックはリサイクルできます。

入手先：ガラス取扱店・建築資材センター・ホームセンターで購入できます。専用に配合されたグラウトがブロックと一緒に販売されています。ブロックは再生利用が容易なので建築資材リサイクル会社でも入手できます。ソリッド（中までガラスが詰まっている）・模様付き・処理加工済み（耐火性を付与）などのタイプがあります。

コスト：3　中程度。

仕様：標準ブロック：10×20cm・15×15cm・20×20cm・30×30cm。カーブしたブロックもあります（内側半径30cmの曲面を作れます）。

WOOD • RUBBER, PLASTIC, RESIN & LINOLEUM • METAL • **GLASS** • FABRIC • PAPER • LEATHER • PAINT, VARNISH & LACQUER • STONE, CERAMICS & TILES • CONCRETE & CEMENT • PLASTER

スランピングガラス

スランピングはキルン（炉）にガラスを入れて十分軟化するまで熱し、鋳型通りにスランプ成型させたガラス製品を作る手法です。この過程は異なる色のガラスをミックスするフュージング（融合）とよく一緒に行われます。古くから伝わる工芸技術で、ガラス加工会社はこの手法によって様々な装飾効果を出します。

特徴：板ガラスを耐熱性の型（セラミックかスチール製）に置き、キルンで約650℃に熱すると、ガラスが柔らかくなって型の中にはまり込みます。こうしてできた模様は奥行きが一定しなかったり小さい気泡が目立つくらいに含まれていることが多く、光が拡散されて向こう側の像がゆがんで見えます。これによって見通しは悪くなりますが、ドラマチックな効果が生まれます。異なる色のガラスを使い、やや高めの温度でフュージングすることも可能です。この場合、性質が同一のガラスを使うことが重要です。スランピングしたガラスの性質は板ガラスと変わりません（参照→p.91「積層ガラス・合わせガラス」）。

用途とメンテナンス：スランピングガラスは装飾的な魅力ゆえに彫刻作品として使われることもありますし、光を取り入れつつプライバシーを高める実用品として用いられることもあります。建築的デザインでは家具・ドア・窓・間仕切り壁・キッチンやバスルームの表面材に使えます。バスルームのスクリーン・シャワー室の囲い壁・洗面台のボウルに用いても魅力的です。またスランピングとフュージングをしたガラスは現在モジュール化され、装飾的なはめ込みパーツとして陶製タイル（参照→p.205）と合わせて使えるようになっています。ただ、設置する際は専用の接着剤を使う必要がありますし、透明なので下地の色には注意が必要です。スランピングガラスはボウルやその他の容器などの工芸的な装飾にも使われます。クリーニングにはガラス用クリーナーを利用しますが、テクスチャー加工の部分は汚れが付かないよう対策を講じておきます。付着物が乾いてしまうと取れにくくなります。

安全性と環境性：スランピングガラス製品（特に工芸品）には再生ガラスがよく使われます。

入手先：高度な下加工が必要になるので、スランピングガラスは直接メーカーから入手するほうがよいでしょう。詳細な連絡先については建築資材センターで聞けます。

コスト：4　高い。

仕様：いくつかの模様が市販されていますが、ほとんどは単発の注文によって製造されます。最大で2.7m四方、厚さ2.5cmで模様やテクスチャー付きのものが作れます。

ファブリック

　織物の技術の起源は紀元前5000年のメソポタミアにさかのぼります。当時は採集した亜麻を織ってリネンを作っていました。リネンは初期の衣類にも使われ、その一部がファラオらの屍衣にも残っています。紀元前2500年になると、エジプトでは綿花が栽培されて布に織られていました。動物が家畜化された石器時代後期頃、他の地域では主に糸の原料として羊毛が使われ始めました。羊から羊毛を刈り取って加工し、衣料や毛布、袋地を作っていたのです。一方中国では紀元前2600年頃にシルクが開発されました。シルクを作る秘密は約3,000年もの間厳重に守られ、その後ようやく日本とインドに伝わったのでした。

　原料を加工・染色することで様々なテクスチャーの繊維が生まれますが、布そのものはほとんど糸を織るか編んで作られます。2種類以上の繊維、たとえばシルクとコットンまたはウールと亜麻などを組み合わせると、出来上がる布の性質を変えることができます。目が細かくて滑らかな透けるように薄いファブリック、音を吸収するかさ高い素材、与えられた形を維持する丈夫で張りのあるファブリックなどがその例です。

　人工繊維が生まれたのはようやく20世紀になってからです。1910年に米国で木材またはコットンパルプから作り出されたレーヨンが最初の合成繊維でした。レーヨンは人絹と呼ばれましたが、まもなく天然素材ではなく石油の加工によっ

て得られるファブリックに取って代わられました。全く新しい最初の合成繊維、ナイロンが登場したのは1933年です。新しい技術と新たに発見された合成物質を利用して作られたのがナイロンでした。1950年代と60年代にはアセテート・アクリル・ポリエステル・トリアセテート・スパンデックス・ポリオレフィンなどの合成繊維が開発されます。1980年代と90年代にも技術は進化し続け、様々な合成繊維からマイクロファイバーが、そして木材パルプからは環境に優しい繊維であるリヨセル（テンセル）が開発されました。

　合成繊維はそれぞれ希少または高価な天然製品の代替品として作られたもので、特有の性質を備えています。たとえば防弾ベストに使われるケブラーは繊維に鋼鉄を上回る強度を持たせるべく開発されましたし、ゴアテックスは防風・防水性を備えつつ通気性のあるファブリックとしてこの世に送り出されました。

　家庭でも、耐色褪せ・耐しわ・防汚性から耐洗浄性、いっそう向上した音響効果まで、様々なファブリックそれぞれの特質を取り入れて生かすことが可能になっています。またほとんどのファブリックには推奨される用途とクリーニング方法が表示されています。ファブリックは防汚や難燃などの特殊加工を施せますし、側地やカーテン、装飾用のファブリックで可燃性のものはすべて防炎加工を行うほうがよいでしょう（国によっては法律で義務化されています）。

WOOD • RUBBER, PLASTIC, RESIN & LINOLEUM • METAL • GLASS • **FABRIC** • PAPER • LEATHER • PAINT, VARNISH & LACQUER • STONE, CERAMICS & TILES • CONCRETE & CEMENT • PLASTER

コットン

強度・厚さ・テクスチャーも様々で、多くの色に染められ、種々の表面加工が可能なコットンの織り地は、一番広く用いられる天然ファブリックといえるでしょう。衣類の生産はもちろん工業にも欠かせませんし、織り目の細かい上等なカーテンから丈夫なキャンバス地、装飾性の高いデザインから実用的な布団地・椅子張りに使われるキャラコ製下地と、ほとんどの家具や備品にもなくてはならないものです。

特徴：綿花は米国南部やアジア、アフリカで栽培されています。糸は綿花の種の回りにできるふわふわした丈夫な繊維から紡績されます。コットンの織布は目を密にも粗くも、ラフにも滑らかにもできます。布目の縦横方向には丈夫ですが、斜めには変形します。工業的に染色することも、手染めすることも可能です。天然・合成どちらの繊維とも混紡できます。コットンは元々水とのなじみがよく、容易に水分を引き寄せて吸収しますが、濡れたまま放置するとカビが生えます。強酸（硫酸など）や酸化剤（塩素系漂白剤など）を使うと変質します。コットンは燃えますが、化学処理によって不燃性にすることができます。

用途とメンテナンス：コットンは住まいの備品に向く経済的で丈夫なファブリックです。織り方や厚さは用途別に推奨されているものを選びましょう。薄地はクッションカバー・薄手のカーテン・ベッドリネン（コットンは湿疹など皮膚トラブルによる不快感を和らげる効果が期待できます）に適しています。キャンバス地は屋外でよく利用され、キャノピー（天蓋）・オーニング・シートカバーになります。安価なキャラコなど特別広いロール幅の布もあり、カーテンや豪華な雰囲気の演出に最適です。端切れ布はパッチワークなどの手芸にも利用されます。クリーニングは布用洗剤を使うか、色や模様による必要条件に従います。洗ったらすぐに乾かしましょう。

安全性と環境性：コットンは家庭内でクリーニング剤・ペイント・ニス・フォームラバーから放出される化学物質の濃度を低減する効果があります。また生分解性で埋め立て処分されても完全に分解します。

入手先：ファブリック取扱店・デパート・ホームセンター・手工芸用品店・ファブリック専門店で入手できます。張り地用コットンは家具店でも購入できます。既製品のインテリアファブリックやアクセサリーもあります。

コスト：1～3　非常に低い～中程度。

仕様：様々な幅があり、長さ単位で販売されます。一番標準的な幅は122・137・150cmですが、ものによっては最高5mまであります（参照→p.117「カーペット・ラグ」）。

WOOD • RUBBER, PLASTIC, RESIN & LINOLEUM • METAL • GLASS • **FABRIC** • PAPER • LEATHER • PAINT, VARNISH & LACQUER • STONE, CERAMICS & TILES • CONCRETE & CEMENT • PLASTER

ウール

毛織りのファブリックはふわふわした毛衣を持つ動物の毛を集めた繊維で織られます。一番多いのは羊ですが、ヤギやラマなどの動物も利用されます。ウールのテクスチャーは、粗くラフなホームスパンやツイードから、極めて柔らかく暖かい触感を持つ目の細かい滑らかな布地まで様々です。ウール製ファブリックは張り地・衣類・毛布・断熱または防音材などの材料として使われるのが普通です。

特徴：羊から刈られた羊毛は等級分けされてから梳かれ、紡績されて糸になります。ウールのソフトでスポンジのような感触や、高い吸音性と低い熱伝導率（熱損失率を低減します）は、元々繊維に備わった縮れが作る空洞部のおかげです。ウールは染料の含みや定着が極めてよく、ファブリックは表面が毛羽立ち、自然なかさ高さと弾力性を備え、しわが残りません（ウーステッドウールはプレスできる加工がされています）。水分と窒素の含有量が高いので、ウールはそのままで最も難燃性に優れる繊維です。また水へのなじみもよく、最高で重量の30％の水分を吸収します（放出する際もファブリックは傷みません）。ウールは多くの酸を中和する効果があり、住まいに漂う汚染化学物質も吸収してくれます。

用途とメンテナンス：ウールの柔らかなテクスチャーは家具の張り地に最適ですが、こすれやすい部分には特別丈夫な張り地用グレードを使います。衣服用ウールはクッションやスクリーン、カーテンに仕立てられます。ウールのカーペットは高品質で長持ちし、メンテナンスが簡単で本来の鮮やかな色を保ちます。ウールは毛布や上掛けなど手製の手芸品にも主な材料として使われます。これも手入れが容易で表面に水分がこぼれてもはじきます。カーペットや張り地は頻繁に電気掃除機でほこりを取ります。クリーニングは布用洗剤を使うか、色や模様による必要条件に従います。洗ったらすぐに乾かしましょう（参照→p.117「カーペット・ラグ」、p.125「フェルト」）。

安全性と環境性：ウールは天然繊維で再生可能な資源であり、生分解します。ただしラマの近縁種であるビクーニャなどは毛皮を取るために殺されるので、保護策が必要です。

入手先：ファブリック取扱店で容易に購入できます。アンゴラウサギ・カシミヤヤギ・ラクダ・アルパカなどの特別な毛織物（刈り込むのではなく抜かれるのが普通です）はファブリック専門店やブリーダーから入手できます。

コスト：3～4　中程度～高い。

仕様：様々な幅があり、長さ単位で販売されます。一番標準的な幅は122・137・150cmです（参照→p.117「カーペット・ラグ」）。

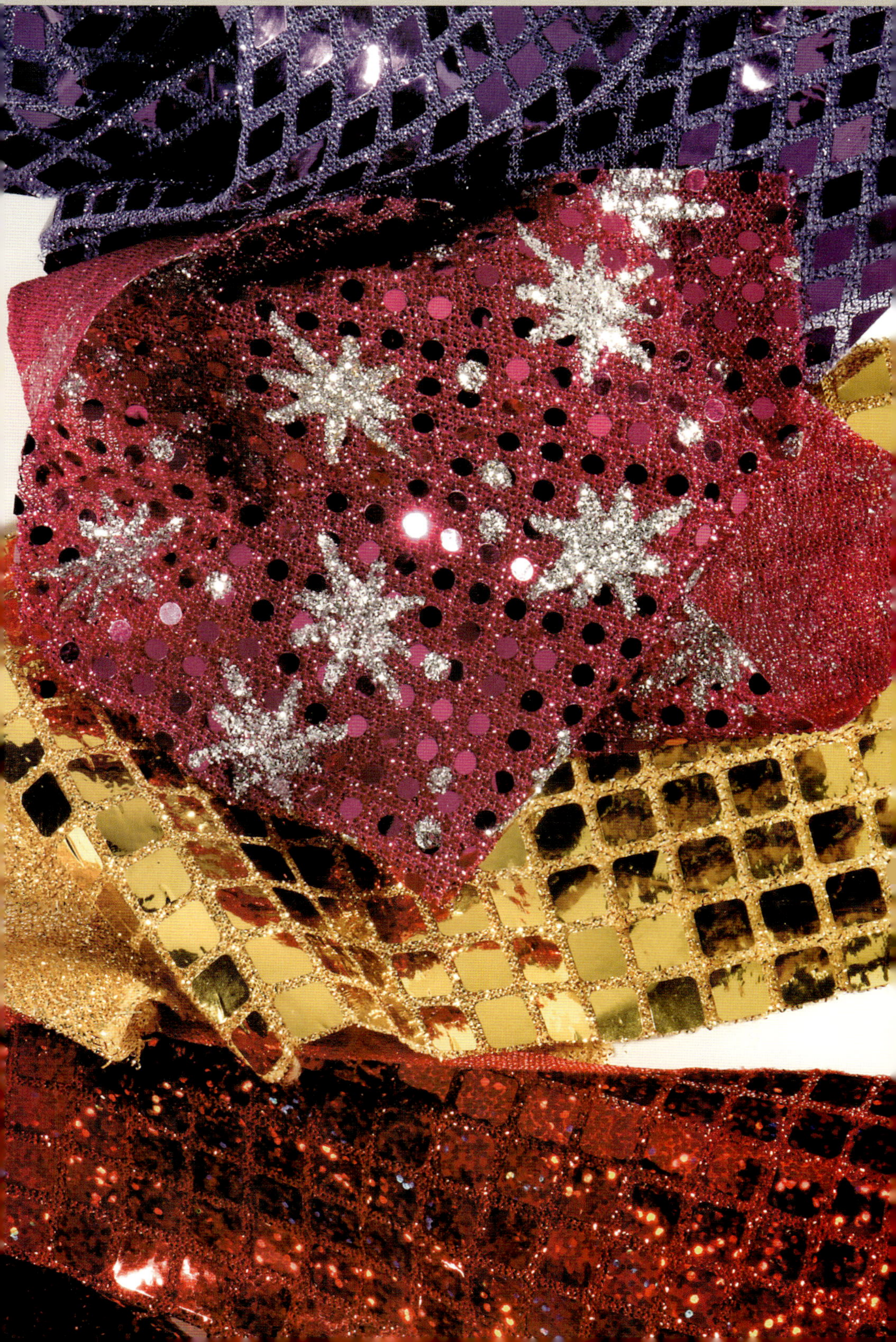

ニット織物

シンプルに縦糸と横糸を交差させる織り方とは違い、ジャージーなどのニット織物は編み糸でループの列を作り、針やワイヤーでからめて作られます。基本的には毛糸でセーターやスカーフを編む手法と同じです。こうすると様々な程度の伸縮性が生まれ、同じ糸でもニット織物地は通常の織物よりわずかに厚くなります。

特徴：編み方が異なればテクスチャーも違ってきます。1つの製品内に異なる糸（合成・天然繊維どちらも可）を使うことも可能で、糸の性質はそのまま保たれます。ニットはほつれることはありませんが、ほどけてしまう恐れはあります。すり切れには弱いものが多く、表面に繊維が丸まってできる「毛玉」が付きがちです。編む過程でできる小さい隙間が空気を含むので、ニットには優れた断熱性があります。防音性も備えますが、編み目が非常に粗いニットを固体表面に張った場合、もっぱら吸音・静音効果を発揮します。難燃加工も容易です。

用途とメンテナンス：ジャージーなどの薄いニット織物はカーテンにしたり、張って収納ユニットドアのパネル（鏡板）にすることができます。フレームにかぶせて光を拡散させるスクリーンに使ってもよいでしょう。厚手のニットは保温効果が高いので、毛布や上掛け、クッションなどのアクセサリーに便利です。タペストリー類にしても魅力的で、ぬくもりやくつろぎ感を演出してくれます。頻繁にこすれる部分にニットを使うのは禁物で、こすれると毛玉ができます（可能ならカミソリでそいで毛玉を取り除きます）。クリーニングは製造過程で使われた繊維に合わせて行いますが、ニットは例外なくほこりによるダメージを受けやすいので頻繁に電気掃除機をかける必要がありますし、何かこぼしたらすぐその部分をクリーニングします。定期的なドライクリーニングまたは洗濯も必要です。

安全性と環境性：ニットの製造過程は安全ですが、素材となる繊維は様々です。一部は天然素材で生分解しますが、合成繊維も使われています。合成繊維は分解しません。

入手先：カーテン地はファブリック取扱店とカーテン地専門店で入手できます。家具用張り地は家具店でも購入できます。衣類用（手工芸にも使えます）ニットはファブリック取扱店と専門店で。

コスト：2～3　低い～中程度。

仕様：張り地やカーテン用ファブリックは長さ単位で販売され、幅のバリエーションは織物と同じです。

WOOD • RUBBER, PLASTIC, RESIN & LINOLEUM • METAL • GLASS • **FABRIC** • PAPER • LEATHER • PAINT, VARNISH & LACQUER • STONE, CERAMICS & TILES • CONCRETE & CEMENT • PLASTER

ゴース

ゴースはごく薄地の透けて見えるようなファブリックで、織り方によって目の隙間を粗くします。ゴースの夏服はいかにもふんわりと柔らかく、そのスタイルからヒントを得たデザイナーが住まいの様々な用途にもゴースを利用しています。ゴースはシルクやコットンなどの細い繊維で織られることが多いのですが、細いプラスチック糸や金属の細糸で織ったものもあります。

特徴：シルクのゴースは軽くて薄く、明るい光を当てると向こう側が透けて見えます。ほとんどのゴースはデリケートで裂けやすく、あまり張りのない柔らかな素材です。ただし金属製ゴースは例外で、折りたたむこともできます。織り目の密度とパターンは、極めて細かく均一なスクリム（紗幕）から、長方形の編目が特徴的なからみ織り（織り目の大きいファブリックはネットといわれます）まで様々です。ゴースはバイアス方向に伸びやすく、容易に変形します。目が粗いので元に戻らないこともよくあります。難燃加工できるゴースもあります。

用途とメンテナンス：ほとんどのゴースは極めてデリケートなので装飾に限って使うほうがよいでしょう。ピンと張る・ギャザーを寄せる・折りたたむ・しわをつけるなどの使い方のほか、単独で用いてもよいですし、他のファブリックの上に重ね、下地を透かしてみせるような演出も考えられます。ギャザーを寄せても魅力的で、かさばったりせず、しかも華やかな雰囲気を出すことができるので、装飾的なカーテンの裏に下げるか、ベッドの天蓋にしてもよいでしょう。フレームに張ってスクリーンや壁掛けにする方法もあります。コットンのガーゼ（包帯地）は工芸で石膏や粘土の補強用に使われます。金属製ゴースはフィルターとして工業用に用いられますが、家庭でも装飾やオブジェのパーツとして活用できます。シルクとコットンのゴースは洗濯機のデリケート洗いコースで洗えますが、他の繊維は特別な取り扱いが指示されているはずです。クリーニングは布用洗剤を使うか、色や模様による必要条件に従います。洗ったらすぐに乾かしましょう。

安全性と環境性：環境的な見地からの評価は繊維の性質によります。天然繊維は分解しますし、リサイクルできます。合成繊維は通常生分解しませんが、リサイクルできるものもあります。

入手先：様々な家庭用または手工芸用のファブリックがファブリック取扱店・手工芸用品店・ファブリック専門店で入手できます。

コスト：2〜3　低い〜中程度。

仕様：様々な幅があり、長さ単位で販売されます。一番標準的な幅は122・137・150㎝です。既製品のカーテンや、ランプシェードなどのアクセサリー類もあります。

WOOD • RUBBER, PLASTIC, RESIN & LINOLEUM • METAL • GLASS • **FABRIC** • PAPER • LEATHER • PAINT, VARNISH & LACQUER • STONE, CERAMICS & TILES • CONCRETE & CEMENT • PLASTER

シルク

シルクは最古の織布の1つで、その丈夫さと美しさゆえに尊ばれてきました。中国では紀元前2700年から利用され、古代ギリシャとローマ帝国でも重要な物資でした。シルクの糸は蛾の数種（カイコ）のさなぎが作る繭から引いて作ります。シルクのファブリックはエレガントで用途が広く、いつの時代も富と贅沢に結びつけられます。

特徴：繊細で軽やかな外見とは裏腹に、シルクは非常に強靱な繊維です。同じ太さのスチールの糸より強いのです。シルクは薄く光るような艶があり、優美なひだを作ります。昔から光沢のある布はチャイナシルクと呼ばれますが、シルク製ファブリックには、柔らかく透け感のあるジョーゼット・シフォン・オーガンザのほか、長短の繊維で織られてわずかに畝のある「スラブ」風のデュピオン（玉繭の糸で織ったもの）、ソフトな毛足のベルベットやコーデュロイがあります。シルクは吸収性が高いので深部まで鮮やかに染まりますが、それだけにオイルやワックス、石油がついてしまうとなかなか取り除けません。日光に当たると劣化します。

用途とメンテナンス：デュピオンは豪華な雰囲気と深い色合いを持つので、メインの張り地やカーテンによく使われます。生地は軽く、美しいギャザーが寄りますが、カーテンにする場合は日光による色褪せやダメージから守るための裏打ちが必要です。ゆるやかにひだをよせて天井をおおう、天蓋にする、壁に張るなどの用途も考えられます。シフォンとオーガンザはスクリーン・クッション・ランプセードにしても魅力的ですが、日光に当たると変質するので窓のカバーには向きません。シルクは非常に柔らかいカーペットやラグ（参照→p.117）にもなりますが、キッチンや、油脂が付きがちなエリアで使うのは避けます。シルクはどれも手洗いまたはデリケート洗いコースで洗濯できます。縮みませんがしわがよるので、水を含ませたスポンジでぬぐうか、ドライクリーニングしなければならない製品もあります。シルクは速やかに乾き、熱によって傷むため、乾燥機を使うのは禁物です。

安全性と環境性：シルクは天然製品で日光に当たると速やかに生分解します。

入手先：様々な製品がファブリック取扱店・手工芸用品店・ファブリック専門店で入手できます。家具用張り地は家具店でも購入できます。既製品のカーテンや、クッション・ランプセードなどのアクセサリー類もあります。

コスト：4　高い。

仕様：様々な幅があり、長さ単位で販売されます。
一番標準的な幅は90・122・137㎝ですが、他の幅もあります。

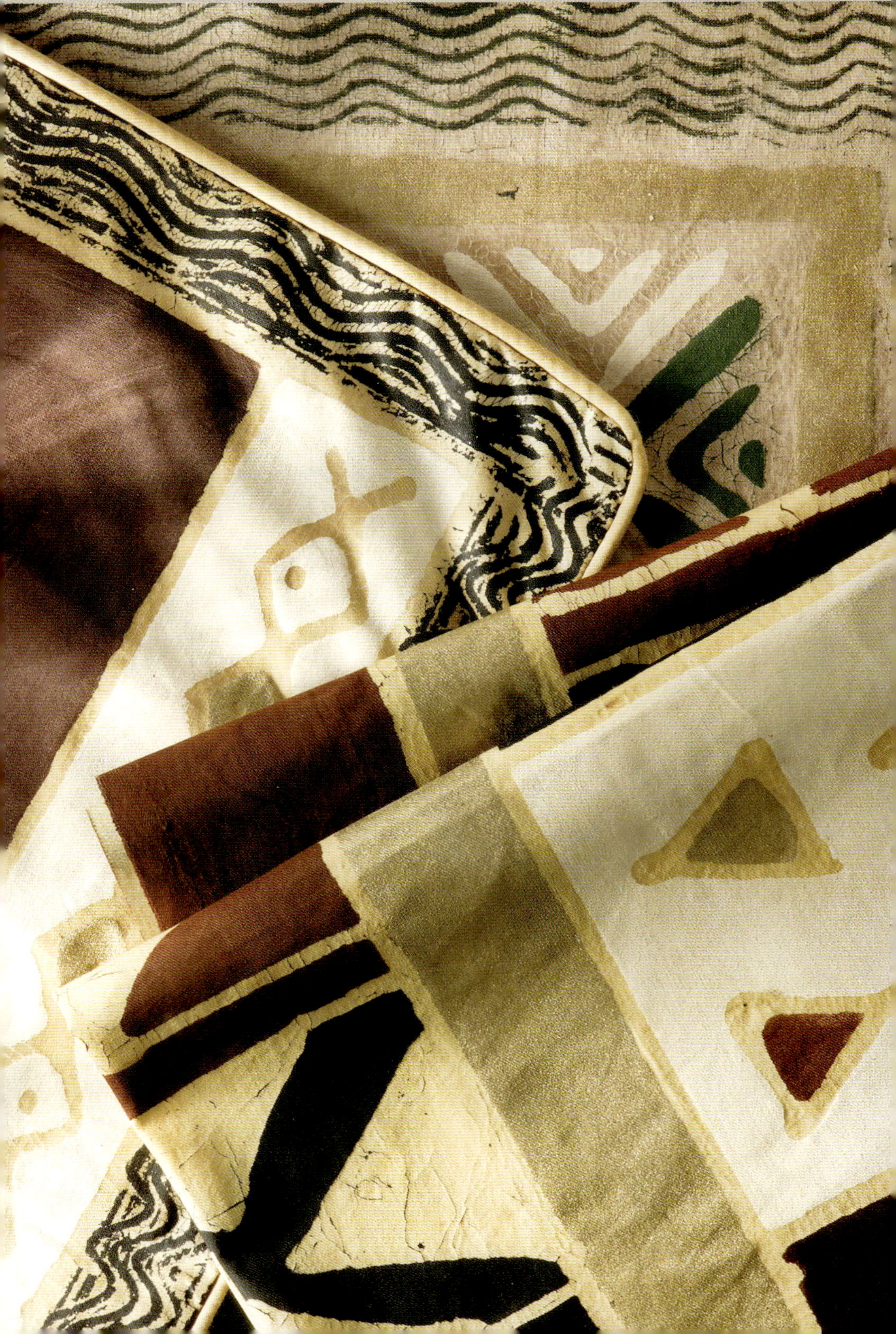

エスニック模様のファブリック

アフリカ産のプリント地（キテンゲ）はコットン製で、鮮やかな色合いの大胆な模様が描かれ、衣類に用いられます。デザインと用途は極めてアフリカ風ながら、インドやヨーロッパで作られたファブリックも数多く西・東アフリカや中東、シンガポール、スペインに輸出されています（ガンビアでも手製のプリント地が作られています）。模様はカラフルかつダイナミックで、その土地の文化や伝統が現れています。

特徴：ほとんどのキテンゲがコットン100％です。様々な模様があり、インドネシアのバティックを模した蝋染めを機械で施します。デザインは大半が動物や鳥、花などの自然をテーマにしていますが、モチーフは無限です。マリには伝統的なコロカネ（kolokane）という布があります。これは手で糸を紡いで織った細長い布を縫い合わせ、河から取って寝かせておいた泥でペイントした（普通は文化的シンボルを描きます）ものです。泥には酸化鉄や鉱物性顔料が含まれています。ファブリックは購入した際はこわばっていますが、洗うと柔らかくなるのが普通です。ラフで丈夫な繊維で織られていますが、性質上湿気を引き寄せて吸収するので、濡れたままにしておくとカビが生えます。有機溶剤には影響を受けませんが、強酸がかかったり塩素漂白したりすると劣化します。ファブリックなので当然燃えますが、化学処理をすれば防炎性を持たせられます。

用途とメンテナンス：プリント模様が両面に出ているので、裏打ちをせずにギャザーを寄せる・ひねる・垂らすなどの加工ができます。パッチワークキルト・張り地・クッションカバー・カーテン・壁掛け・上掛けなど、コットンが適するケースなら例外なく使えます。ごしごし手洗いしても耐えるように作られているので色褪せしませんが、濃い色の布地の場合、余分な染料を落とすため最初は分けて洗います。この種のエスニックプリント地は洗濯機で洗えますが、防汚加工や耐火加工は洗濯を重ねると取れてしまいます。

安全性と環境性：住まいで天然のコットン地を使うと汚染物質の濃度を低減する効果があります。またこのファブリックは生分解性で埋め立て処分されても完全に分解します。

入手先：ファブリック取扱店で手に入るものもありますが、アフリカンコミュニティ内にあるファブリック専門店か、地元のアフリカンマーケットで入手するものがほとんどです。時には既製品のクッションやキルトもあります。

コスト：2　低い。

仕様：長さ単位で販売され、幅は112cmです。ロールは長さ5.4または10.8mです。アフリカではロールか2mの長さで販売されます。コロカネは120×90cmまたは180cmです。

WOOD • RUBBER, PLASTIC, RESIN & LINOLEUM • METAL • GLASS • **FABRIC** • PAPER • LEATHER • PAINT, VARNISH & LACQUER • STONE, CERAMICS & TILES • CONCRETE & CEMENT • PLASTER

カーペット・ラグ

部屋全体に敷き詰める広幅のカーペットから階段用の細長いランナーやアクセントラグまで、カーペットは空間にぬくもり感と柔らかさを添えてくれます。実用的なメリットをもたらすのはもちろん、視覚的にも心惹かれる表情を作り出しますし、用途も床のカバーには限りません。デザイン・テクスチャー・繊維の種類はそれこそ様々ですが、コストと性能は直接比例するのが普通です。

特徴：カーペットとラグに使われる最も一般的な素材はウールですが、コットン・シルク・リネン・合成繊維も単独または混紡で利用されます。カーペット地はパイルの種類で分類されます。広幅のカーペットはツイストパイル(繊維をより合わせてカット)が普通ですが、ベルベットパイル(外観が豪華)やループパイル(パイルをカットしないので毛足が丸い輪になります)もあります。カットパイル地はこすれると毛羽が立ちます。ほかには伝統的な手織りのラグによく使われる平織りがあります。パイルの密度が高いと耐久性も高く、外観も長期間変わりません。手織りのラグは上質なウールやシルクでできていることが多く、長持ちです。新しいカーペット地は難燃処理がされています。アンティーク物と輸入物のラグを敷く際はこの点をチェックします。天然素材でできたラグはほとんどが虫害を受ける可能性があります。

用途とメンテナンス：場所に適した繊維組成を選びます。ほとんどの手織りカーペットは高品質のウールでできていますが、合成繊維を混紡することでコストを下げ、独特の性質を持たせることも可能です。上質な下敷きを敷くと、カーペットの耐久性と外観を最高40%向上させられます。靴底が革だとカーペットが「磨かれ」ますが、ゴムの場合はすぐ生地が損なわれてしまいます。ラグには床材を保護する、足音を響きにくくするなどの機能のほか、装飾的な用途もあります。壁に掛ければぬくもり感とリッチ感を醸し出し、騒音を抑えて保温性を高めます。カーペットが摩耗する主な原因は砂です。頻繁に電気掃除機でクリーニングしましょう。ラグは特に念入りに掃除機をかけます。定期的に洗剤で洗い、染みは専用のクリーナーで取ります。

安全性と環境性：多くのカーペットメーカーは、倫理的製造と廃棄物リサイクルを監視するベストプラクティスプログラムに参加しています。

入手先：カーペット取扱店・床材取扱店で入手できます。アンティークのカーペットとラグはアンティーク品販売店や小売店で。広幅カーペットは面積、ランナーは長さ単位で販売されます。

コスト：3〜4　中程度〜高い。価格と品質は繊維・織り方・裏打ち(ラバーまたはヘシアン)の種類によって違います。

仕様：2または4m幅の範囲内で必要なサイズにカットできます。ラグやランナーはクロステープで縁を始末できます。

WOOD • RUBBER, PLASTIC, RESIN & LINOLEUM • METAL • GLASS • **FABRIC** • PAPER • LEATHER • PAINT, VARNISH & LACQUER • STONE, CERAMICS & TILES • CONCRETE & CEMENT • PLASTER

シーグラス・ジュート・サイザル・コイア

シーグラス・ジュート・サイザル・コイアなど草や植物繊維を材料にしたフロアカバーは天然繊維カーペットとして知られます。ナチュラルまたは素朴な、しかも天然木床よりもソフトで穏やかな表情が望まれる場合に、ウールや合成繊維製カーペットの代わりとして15年ほど前から利用が増えています。

特徴：シーグラスを編んだマットは丈夫でわずかにつやがあり、多少汚れがつきにくい性質を持っています。ジュート（黄麻）は柔らかくやや耐久性に欠ける植物繊維で、汚れもつきやすい素材です。サイザルは葉のとがったリュウゼツランの仲間から取れます。テクスチャーは大変柔らかいのですが、極めて丈夫です。これらはパイルを差し込むのではなく織るのが普通で、ゆるい織り目を崩さないように分厚く堅固な裏打ちが必要です（通常は付いています）。コイアはココナッツの実の殻から取った繊維で、短くてラフなパイル地にします。とても丈夫で水分にも強いのですが、酷使すると繊維が折れることがあります。この種の天然繊維はすぐにそれとわかる芳香を備えています。一般的にどれもかなり汚れやすいので、色合いや模様は実用第一で選びます。コイア以外は濡れたままにしておくとカビが生えます。

用途とメンテナンス：天然繊維のカーペットは幾何学模様やヘリンボーン模様が特徴で、へたりません。汚れが付きやすいキッチンやダイニングルームには不向きですし、元々つやのある素材が磨かれて滑りやすくなるので階段にも不適切です。コイアはとても優れた玄関マットになります。剛毛が靴から砂利を落としてくれるためです。天然繊維製カーペットはどれもテクスチャーが深いので、ほこりや砂利によって汚く見えないよう頻繁に電気掃除機をかける必要があります。経時的な色褪せを防ぐために日光からは保護します。ジュートは床の上を動きがちなラグの下敷きに便利で、泥や汚れが付きにくい所に使います。

安全性と環境性：これらの素材は途上国産で、毒性がないナチュラルな工業製品です。生分解しますが、化学合成品の裏打ちは剥がして分ける必要があります。

入手先：カーペット取扱店・床材取扱店・デパート・各種ホームセンターで入手できます。

コスト：4　高い。

仕様：2または4m幅の範囲内で必要なサイズにカットできます。ラグやランナーはクロステープで縁を始末します。

WOOD • RUBBER, PLASTIC, RESIN & LINOLEUM • METAL • GLASS • **FABRIC** • PAPER • LEATHER • PAINT, VARNISH & LACQUER • STONE, CERAMICS & TILES • CONCRETE & CEMENT • PLASTER

フリース

フリースは本来刈られた羊毛を指します。フリースからはソフトなタッチと自然なぬくもりを備えた、厚くて柔らかいオーガニック製品ができます。毛を提供する動物と刈り取った季節によって特徴は様々に異なります。また、化学合成素材でできている高性能の新しいファブリックもフリースといい、天然フリースに似た特徴を持っています。

特徴：羊の毛は初秋に刈り取って冬の前に新しい羊毛が生えるようにします。こうすると春にはクリーンで均一な夏毛におおわれます。フリースは内側のふわふわした「下毛」と外側の粗い「上毛」に分かれます。下毛は細い繊維（アンゴラやシルクなど）と混合され、デリケートな混紡の特製品になります。上毛は糸に紡績されます。冬毛のフリースはフェルト（参照→p.125）になります。ウールは染料の定着がよく、速やかに水分を吸収・放出します。濡れると独特の香りがしますが、濡れたままにしておくとカビが生えます。水分と窒素を含むので元々難燃性で、断熱材としても熱の損失を抑えるのに効果的です。合成繊維のフリースは重さと品質に幅があります。

用途とメンテナンス：フリースは多くの方法で加工され、ソフトなタッチの暖かみのある製品が作られます。天然または合成繊維素材の裏打ちを付けたフリースはクッションカバーや暖炉の前の敷物に利用され、ベビーシートやベビーカーの安全で心地よいライナーにもなります。本来のレザーの形でも入手できます（参照→p.157）。フリースを壁掛けや上掛けに使えば、吸音や心地よい雰囲気の演出に役立ちます。フリースのフェルトはカーペットの下敷きにしても持ちがよい上、暖かく、音を抑制します。合成繊維のフリースでできた防音用下敷きもあります。天然のフリース製品はドライクリーニングするか、水で手洗い、または洗濯機のデリケート洗いコースで水を使って洗います。露出した繊維はほこりがつかないよう保護し、頻繁に電気掃除機をかけます。

安全性と環境性：天然フリースを用いると、住まい内に放出された汚染物質の濃度を低減する効果があります。天然フリースは生分解性で埋め立て処分されても完全に分解します。合成繊維フリースはリサイクルできます。

入手先：ファブリックはファブリック取扱店や手工芸用品店、専門店で入手できます。断熱・防音用フリースは専門の建築資材取扱店で。カーペット用のフェルト製下敷きはカーペットまたは床材取扱店で手に入ります。

コスト：3　中程度。

仕様：種類によって異なります。ファブリックは長さ単位で、断熱・防音材は量で販売されます。手工芸用に、通常の布地または端切れ、生成りまたは着色などの種類もあります。

WOOD • RUBBER, PLASTIC, RESIN & LINOLEUM • METAL • GLASS • **FABRIC** • PAPER • LEATHER • PAINT, VARNISH & LACQUER • STONE, CERAMICS & TILES • CONCRETE & CEMENT • PLASTER

フェルト

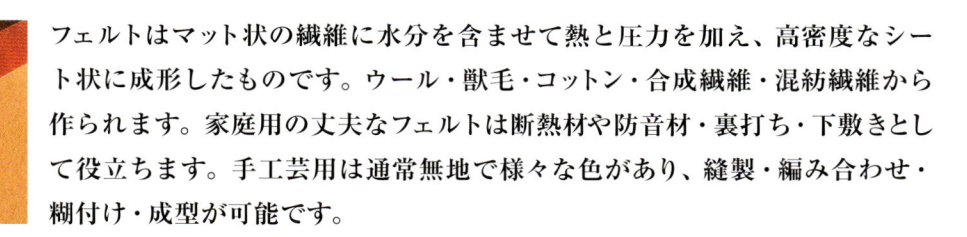

フェルトはマット状の繊維に水分を含ませて熱と圧力を加え、高密度なシート状に成形したものです。ウール・獣毛・コットン・合成繊維・混紡繊維から作られます。家庭用の丈夫なフェルトは断熱材や防音材・裏打ち・下敷きとして役立ちます。手工芸用は通常無地で様々な色があり、縫製・編み合わせ・糊付け・成型が可能です。

特徴：フェルトの材料になるウールは春に刈った冬毛のフリースから採集されます。これを繊維の方向を交互に縦横にして層状に重ね、熱い石けん水を含ませて圧力をかけながら揉み固めてフェルトにします。フェルトは非常に張りがあってほつれないのが普通で、縁や切り口を始末しなくても使えます。ウール製フェルトはあらゆるウール製品と同様の断熱・防音性を備えています。外見は似ていても、合成繊維製フェルトにはこの特性がありません。水をかぶってもダメージを受けませんが、ウール製フェルトは濡れるとかすかなにおいがします。

用途とメンテナンス：フェルトは成型によってどんな形にもなるので、装飾的なボウルや容器など住まいのアクセサリーに使われます。簡単にカットできてほつれないため、様々な手工芸に最適です。細長く切って織ったりねじったりし、クッションカバー・マット・上掛け・壁掛けを作ることもできます。穴を開けてスクリーン・パネル・ランプシェードにしてもよいですし、ピンの跡が付かないのでピンボードにも便利です。製造過程で違う色の繊維を重ねることで装飾的な断面にすることも可能です。この効果は切り口や穴の縁部分に見えることになります。カーペットの下敷きにしても持ちがよい上、暖かく、音を抑制します。壁装材として用いれば、ソフトで素朴な感じが演出でき、吸音効果もあります。ただし特有のにおいがします。

安全性と環境性：天然ウール製のフェルトを使うと、住まい内に放出された汚染物質の濃度を下げる効果があります。天然素材は生分解性で埋め立て処分されても分解します。合成繊維製フェルトはリサイクルできます。

入手先：ファブリック取扱店・手工芸用品店・専門店で入手できます。張り地用フェルトは家具店やデパートで購入できます。

コスト：3　中程度。

仕様：カット済みの方形フェルト：30×30cm、ロール：幅80cm、厚さ（通常）2mm。
フェルト製下敷き：幅2m、厚さ約4mm。

WOOD • RUBBER, PLASTIC, RESIN & LINOLEUM • METAL • GLASS • **FABRIC** • PAPER • LEATHER • PAINT, VARNISH & LACQUER • STONE, CERAMICS & TILES • CONCRETE & CEMENT • PLASTER

レースネット

「ネット」という言葉は大小の漁網からモスキートネット（蚊帳）まで、色々なファブリックの描写に使われています。透ける程度が様々なので数多くの用途に利用できます。チュールともいわれる細かい目のネット地は、他のファブリックの下地にしてふっくらした印象を演出するのにもよく使われます。バレエのチュチュをヒントに、住まいでも同様の使い方がなされています。

特徴：編まれたネットの交差部分は圧力によって融着され（漁網のように結ばれるものもあります）、粗目のメッシュのような表面が形成されます。これはほどけることもありません。レースネットは通常合成繊維で作られ、糸のタイプとゲージによって固くも柔らかくも、軽くも重くもできます。向こう側が見える薄手のものもあります。透けるネットは透光性があり、明るい側の光景がネット越しに見えます（したがって薄手のカーテンを下げると、日中は屋外が見えて室内の光景は目隠しされますが、暗くなるとこれが反対になります）。カーテン用のネットは均一な平織りが多く、全体に模様がついているものもありますし、裾が直線のタイプはもちろん、加工されて装飾的なヘムになっているタイプもあります。レースネットは難燃加工をする必要があります。

用途とメンテナンス：工業用に製造されたネットでも、カーテンやデザイン計画に応用できる例が多くあります。軽量な裏打ちとして手工芸品に使えますし、粗目の織り地を照明器具につければ散光と装飾を兼ねます。目の細かいネットにフリルを寄せれば、小さい女の子のベッドルームに向く飾りが安価にできます。レースのカーテンは伝統的な装飾様式を引き立てます。ネット地のファブリックは洗濯・アイロン掛けが可能ですが、電気掃除機をかけてほこりがつかないようにしておく必要もあります。ほこりや日光によって黒ずんだりもします。この場合は特別な漂白剤で白さを取り戻しましょう。

安全性と環境性：合成繊維製のネットは生分解性が悪いので、リサイクルします。

入手先：ネット地はファブリック取扱店で、または既製品のカーテンやテーブルクロスなどはデパートで購入できます。特殊用途または工業用のレースネットは、キャンプ用品店や釣り用具店などの専門店で。大抵はモスリンやゴースより合成繊維製ネットのほうが安価です。

コスト：1〜3　非常に低い〜中程度。

仕様：日光・水などのフィルター材として様々なゲージの製品があります。ネット地は通常の幅（参照→p.103）のほか、標準的な窓やペルメット（カーテンの上飾り）に合った寸法のものがあります。

WOOD • RUBBER, PLASTIC, RESIN & LINOLEUM • METAL • GLASS • **FABRIC** • PAPER • LEATHER • PAINT, VARNISH & LACQUER • STONE, CERAMICS & TILES • CONCRETE & CEMENT • PLASTER

バンド・リボン・ブレード

装飾的なファブリックであるリボンやブレードは様々な天然素材や合成繊維を織って作られ、そのテクスチャーや色はもちろん、トリム材としての用途もほぼ無限です。クラシックなサテンやひも状のトリムのほかにも一風変わったバリエーションがあります。コットンとジュートの組み合わせは特に素朴な感じがしますし、サイザルとラフィアにレザーやビーズを合わせるとエスニックな表情が出ます。

特徴：安定した鮮やかな色合いに仕上がるため、アクリル・アセテート・ビスコース・金属糸（または混紡）繊維が一番よく使われます。色とテクスチャーに自然な変化が欲しい場合はコットンやシルクが用いられます。リボンとブレードは平らな織り地で、無地のほか、縦や横方向の模様があり、縁も直線的なものからフリンジやスカラップ飾りがついたものなどが見られます。ポリエステル製サテンのリボンは鮮やかなソリッドカラーです。リボンは薄手のものや、ベルベット、グログラン（横畝が付いています）などがあります。ブレードは巻いたりねじったり輪になったりした装飾的なコードやトリムが付いています。リボンには縁を金属糸で仕上げ縫いしたものや、ワイヤー入りで立体的な形を作れるものもあります。トリム材は通常火の広がりを抑制するための規定に適合するように作られています。

用途とメンテナンス：トリム材のほとんどは張り地やカーテン用にデザイン・製造され、ファブリック部分の縫い目のカバーや輪郭の強調などに使われます。凝った飾りが付いたものもあり、トリム材そのものがポイントになったりします。特にランプシェードやクッションカバーの装飾に使うと効果てきめんです。リボンとブレードは壁装材やスクリーンの縁取りにしてピンを隠すこともできます。リボンは通常ファブリックを束ねたり縁をくくったりする位の強度はありますが、構造材として使うのは禁物です。強く引っ張られると変形してしまいます。テクスチャーが複雑だったり異なるファブリックが混ざったりしているとクリーニングは難しくなります。頻繁に電気掃除機を掛けてほこりを取り除き、染みや油汚れが付かないように対策を講じておきます。

安全性と環境性：合成繊維でできたファブリックのトリム材は生分解性が悪く、中には様々な繊維が使われているものもあるので、リサイクルは非常に困難です。

入手先：ファブリック取扱店や専門店で入手できます。張り地やカーテン用のトリム材はカーテンメーカーで購入できます。

コスト：4　高い。

仕様：サテンのリボン（50色）は最大幅40mm。ベルベットとグログランの色は豊富ですが、幅は狭くなります。ほかにも数多くの色とデザインを備えたトリム材があります。ロールまたは長さ単位で販売されます。

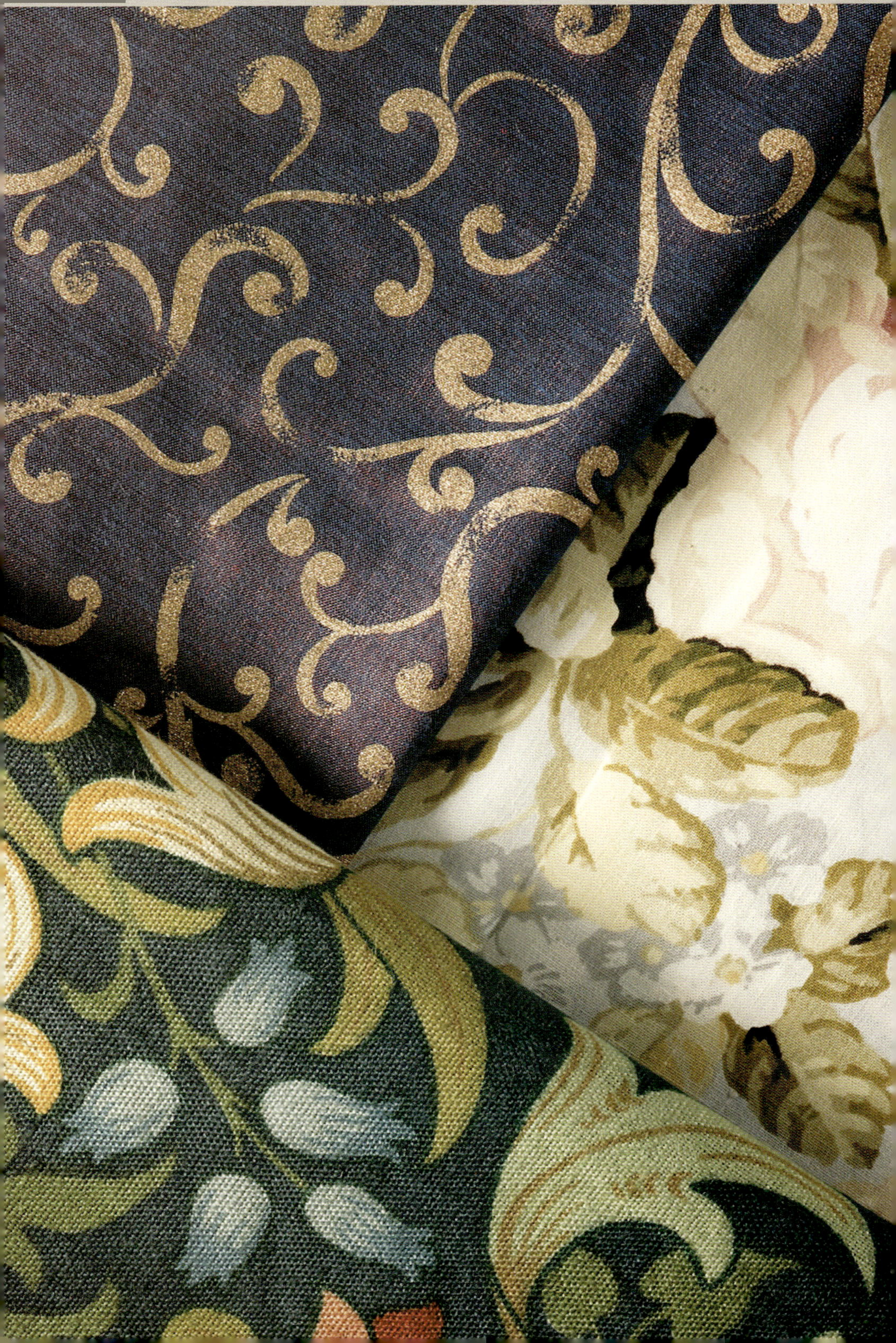

プリント地

織り地に機械で模様をプリントする方法は多くのメリットがあり、とりわけコスト的に優れています。一方手作業によるプリントはこの世に1つだけの作品を生み出します。大胆で鮮やかな色遣いの花柄からランダムな幾何学模様、写真まで、ファブリックにプリントできるイメージはそれこそ無限です。プリント地なら、美しいデザインを織り込んだ高価なファブリックを安価に模すこともできます。

特徴：プリント地は織り方や、材料の糸の太さおよび種類による制限を受けません。高度な写真製版やインクジェット方式で多くの天然素材または合成繊維の衣類にプリントされます。プリントは片側にのみ施されるので、薄いか浸透性の高いファブリック以外は裏にまで染料が染み通りません（したがってプリント地には必ず表と裏があります）。染料には永続性のある定着剤が含まれているので、通常は洗濯できます。構造特性やドレープ性は繊維の種類によりますが、染料によってファブリックが固くなることもあります。家具やカーテンに使われる素材には防燃加工がされていますが、手工芸用または衣類用ファブリックは難燃処理が必要な場合があります。

用途とメンテナンス：プリント地の模様は規則的な繰り返しなので、幅継ぎをする際に模様を合わせることができます（模様が織り目と直角になっていることを確認して下さい。さもないと模様を合わせることで形がゆがんだりします）。片側または両側に縁取りがあるプリント地もあります。手作業によるプリントはユニークな模様を作り出したり、輪郭やパネルの形に合わせて一品ものに仕立てる（ブラインド・クッション・張り地に装飾的な縁取りをするなど）こともできます。現在手作業によるプリント地の人気が高まっていて、抑えた色合いの不規則でエレガントな模様がよく見られます。プリント地は張り地・カーテン・テーブルリネン・ベッドリネン・ランプセード・壁装材・天井張りによく用いられます。定着した染料は、ベースの生地に勧められているケアなら問題なく耐えます。

安全性と環境性：プリントは多くの場合、安全で生分解するコットンや天然繊維にプリントされます。プリントによってプレーンなファブリックの価値を効率的に高めることができます。

入手先：ファブリック取扱店・家具店・室内装飾業者・専門店から様々な種類のプリント地が購入できます。直接アーティストから入手することもできます。

コスト：2～4　低い～高い。ベースの素材やプリントする数量によります。

仕様：家具・アクセサリー・衣類に使われるファブリックはほとんどプリント地のものが選べます。

紙

　英語で紙を指す「ペーパー」という言葉はパピルスに由来します。紙は古代エジプトで発明され、ナイル川沿いに生えるパピルスの髄から手作業で作られていました。他の文化でも、地元の植物を原料に紙を作る技術を開発していました。ヒマラヤ山脈やアジアの南部と東部に自生するカジノキやイチジク、ジンチョウゲなどの柔らかい内樹皮も使われました。地域はいくつかに分かれますが、この種の様々な紙は一般的にタパといわれます。タパは採取した植物繊維を混ぜ合わせ、槌でたたきつぶしながら繊維を融合させて薄い平面状にします。このパルプ状のシートを水に浸し、柔らかさが増してほとんど透明になるまで待ちます。それから網を張った型に移し、押して水分を絞ります。こうしてできた紙を吊し、シンプルに太陽に当てて乾かします。手製の紙は今もこういう伝統的な手法で作られています。

　西暦600年には既に製紙が機械化されていました。当時中国から製紙技術が西方へ伝わり、バグダッドとダマスカスに製紙工場が造られました。ここでは手に入る天然繊維が限られていたため、主な原料としてぼろ布が使われました。この技術がさらに発達してヨーロッパに広がります。他の天然繊維が探し当てられ、ぼろ布の代わりに軟木を細かくしたパルプが使われるようになったのは19世紀半ばになってからのことです。

　紙は融通の利く素材で、実に様々な使い方があります。切れ目を入れる・織る・曲

げる・ねじる・しわをつける・切るまたは裂くなどのほか、ワックスをかける・光沢をつける・エナメル加工する・金属箔を張るなどの使い道もあります。紙は不透明にも、半透明、透明にも作れます。通常は水につかると分解しますが防水性を持たせることも可能です。また燃えるのが普通ですが、難燃性にもできます。単独でも、別の紙に貼っても、プラスチックフィルムや木など別の素材に貼って用いることもできます。高価な紙も、使い捨てできる紙もあります。

　現在は多くの木製品や布製品に代わって紙が用いられ、住まいのあちこちで紙ならではの用途に使われています。紙は重要な建材でもあり、軸組工法の建物では屋根や壁に水蒸気だけを通す膜として使われますし、乾式壁体の製造でも石膏を塗るボード材として使われるほか、塗り立てのプラスターをカバーするライニングペーパーとして、またはペイント塗りや装飾的な壁紙の下地として利用されます。既製品では、エンボス加工やプリントを施したり、フロック加工をして複雑な模様の壁紙を作ったものがあります。さらに高圧化粧板の表面を飾る素材としても使われます。強化紙や段ボール紙は建築に使われ、柱となるコンクリートを流し込む型にもなりますし、本格的な家具もしくは使い捨て家具の材料としても用いられます。これと対極にあるのがデリケートな、または精緻な模様を付けた手製の紙で、こちらは調度品や住まいのアクセサリーを飾るのに利用されます。

WOOD • RUBBER, PLASTIC, RESIN & LINOLEUM • METAL • GLASS • FABRIC • **PAPER** • LEATHER • PAINT, VARNISH & LACQUER • STONE, CERAMICS & TILES • CONCRETE & CEMENT • PLASTER

手作りの伝統紙

手作りの伝統紙にも様々な種類があり、今も古代とさほど変わらない方法で作られています。手作りの紙として一番有名なのは古代エジプトで発明されたパピルスですが、伝統紙は現在も極東やインド亜大陸で、カジノキやバナナ、クワなど地元で取れる植物繊維を材料に製造されています。そのオリジナル性とテクスチャーから、魅力的な素材として住まいのデザインに利用できます。

特徴：パピルスはパピルスというカヤツリグサ科の植物の髄から作られます。ネパールのロクタはヒマラヤに生える低木のジンチョウゲを、和紙は日本に自生するガンピ・ミツマタ・コウゾを材料にします。他にはシルク・コットン・リネンの繊維や、サトウキビから砂糖を作る際の副産物も利用されます。繊維は水に浸してから平らに並べられ、水分が絞り出されて繊維が融合するまで圧力をかけてたたきつぶされます。天然糊や、顔料または花など装飾的な材料が加えられることもあります。手作りの紙の表面はラフで繊維質が目立ち、縁にはわずかにほつれた「耳」がついています。耐久性は高く、虫がつきにくく、吸水性がありながら水につかっても丈夫で、中性です（したがって保存文書用紙に最適です）。普通、手作りの紙には漂白剤が使われていないので、日光に当たっても黄ばみません。

用途とメンテナンス：壁紙としても大変素敵なのですが、長いロールは作れないので、広い面積に小さい紙を合わせて貼っていくのは骨が折れます。木版またはステンシルプリントのものや、ペイントしたものもあります。他には、文房具・手工芸品・製本などの用途があります。日本で昔から使われる、コウゾやミツマタを原料にした障子紙は光が透けるのでスクリーンやブラインド、ランプセードにすると映えます。中性紙は絵の額縁にも使われ、マット（台紙）や絵を囲むフレーム部分に利用されます。固い厚紙は箱や収納ユニットの素材になります。

安全性と環境性：栽培されている低木や草類から作られますが、この草木は毎年、または遅くとも6年以内に再生します。環境に影響を与えずに採集・加工され、製品は大変長持ちします。経済活動がほとんどない地域では製紙によって雇用が生まれ、古くからの伝統を維持するのにも一役買っています。

入手先：専門の紙輸入業者や取り扱い業者では幅広い種類の紙を取りそろえています。手工芸用品店では多少種類が限られます。

コスト：4　高い。

仕様：シートは450×450mmと500×750mm。数が限られている、または一品物の紙もありますので、選ぶ際に必要量が手に入ることを確認します。

WOOD • RUBBER, PLASTIC, RESIN & LINOLEUM • METAL • GLASS • FABRIC • **PAPER** • LEATHER • PAINT, VARNISH & LACQUER • STONE, CERAMICS & TILES • CONCRETE & CEMENT • PLASTER

ヨーロッパのアート紙

ヨーロッパに初めて製紙工場が登場したのは1009年のことで、中国人の囚人から技術を学んだアラブ人がスペインのシャティバに建てたものでした。現在は数多くの装飾的な紙が機械または手作業で作られ、様々なアートや工芸、仕上げ用に使われています。これらの紙はテクスチャーのある肌や異なる素材が混入されているのが特徴ですが、ほかにもマーブリングやメタリック加工など極めて装飾的な仕上げが施されているものもあります。

特徴：仕上げとテクスチャーは、身近なウォーブ（表面が滑らか）やレイド（細かい畝付き）から、ファブリックに似たツイード・リネン・シルクと様々です。マットまたはグロス仕上げのプラスチックでコーティングされているものもあります。テクスチャーは「紙肌」といい、素描や彩色には紙肌が粗いほうが好ましく、スタンプ印刷や正確な印刷には細目が向いています。紙は接着できるため裏表で色を違えることもできます。多くが中性紙で、もろい紙や美術品に触れる部分にも使えます。アート紙はたいていデリケートな薄地で裂けやすく、染料やプリント、スタンプ印刷の中には日光で色褪せるものもあります。

用途とメンテナンス：シュールな、またはリアルなマーブリング模様やメタリック加工を施した紙や厚紙があり、規格も様々で、家庭内で活用できます（棚・テーブルトップ・額縁のカバーなど）。模様紙やテクスチャー仕上げの紙をドアのパネルや壁に張ると華やかな雰囲気が出ます（ただしむらなく貼れる壁紙用のロールはありません）。穴あきの紙は装飾的なスクリーン・ブラインド・ランプセードになります。固いものは小さなユニット家具や箱の材料として使われます。薄いものをカバー材にする方法もあります。中性の保存文書用紙は絵画のマットや絵を囲むフレーム部分に利用されます。他の一般的な用途としては、招待状などの特殊な文房具や本の装幀、手工芸などが挙げられます。

安全性と環境性：紙は枯渇させないで利用できる木材資源や、国内で栽培された植物を原料にしています。採集・加工活動はたいてい環境に負荷を与えませんが、一部のペイントと糊は毒性があります。木繊維からできた紙はほとんどが生分解します。紙は例外なく火災の原因となる恐れがあります。

入手先：専門の紙輸入業者や取り扱い業者では幅広い種類の紙を取りそろえています。手工芸用品店では多少種類が限られます。

コスト：4　高い。

仕様：シートは約500×750㎜。原料となる繊維・テクスチャー・色・加工法には非常に多くのバリエーションがあります。数が限られている、または一品物の紙もありますので、手に入るかどうかを確認します。

WOOD • RUBBER, PLASTIC, RESIN & LIQOLEUM • METAL • GLASS • FABRIC • **PAPER** • LEATHER • PAINT, VARNISH & LACQUER • STONE, CERAMICS & TILES • CONCRETE & CEMENT • PLASTER

包装紙

ブラウンペーパーやプリント包装紙、プラスチックフィルム、これらはどれも包装の用途に昔から作られてきたものですが、応用の利く素材なので、様々な装飾や実用的な目的、手工芸にも利用されます。引き出しのライナーやステンシルの型紙、窓の反射フィルムなどがその例です。クラフト紙では地味目なブラウンとピンクの色が一番ポピュラーです。

特徴：ブラウンペーパーは滑らかで、ウォーブのテクスチャーが見えます。ピンク色のものや漂白タイプ、ワックス仕上げのものもあります。ブッチャーペーパー（包肉用紙、通常はピンク色がかっています）はポリエチレンコートを施して耐久性を高めてあります。冷凍肉を包むのが本来の用途です。プリント紙はこれらより価格が上で装飾的です。大量生産であらかじめプリントされているものも、個人的な用途に合わせてオーダーしてプリントしてもらうものもあります。紙は例外なく多孔質で、加工されていない限り水を吸収します。水がかかってできたしわは乾いても消えません。包装紙は使い捨て用で強度にも欠けます。プラスチックフィルムはわずかに色の付いた透明フィルムから不透明な銀色まで様々で、メタリック仕上げが施されたものも数多くあります。プラスチックフィルムは空気や水を通さず、引っ張りにも強いのですが、いったん穴が空くと容易に裂けてしまいます。

用途とメンテナンス：ブラウンペーパーは安価で、実用第一のカバー材（装飾用）や、ステンシルの型紙として使えます（水分で紙が反るような場合はワックス引きのものを使います）。ほかにはライニングペーパーや、装飾的なスクリーンおよびランプシェードのカバー、ちょっと変わったところで壁のカバーにも使えます。張り子細工のように、裂いたブラウンペーパーを重ねながら糊で貼り、ニスかペイントを塗る手もあります。未加工の紙はサイズ（陶砂）を塗って湿気や油を吸わないようにします。花束のラッピングや真空パック食品のパックに使われる、銀色の透明なプラスチックフィルムは反射スクリーンとしても使えます。これなら光を通しつつ透けて見えにくくなります。

安全性と環境性：未加工の紙は程々の品質で、リサイクルも容易です。プラスチックフィルムをリサイクルできるのは専門の会社に限られ、フィルムは特定の製品の原料になります。

入手先：包装紙やフィルムでも小さいシートは文房具店や手工芸用品店で販売されています。大きなシートやロールは包装材メーカーに注文できます。プラスチックフィルムの大きなロールはプラスチックメーカーに注文すれば手に入ります。

コスト：2　低い。

仕様：ブラウンペーパーシート：750または900×1,150㎜。ロール幅：600・750・900・1000・1200㎜。ワックス引きのロール幅：900㎜。

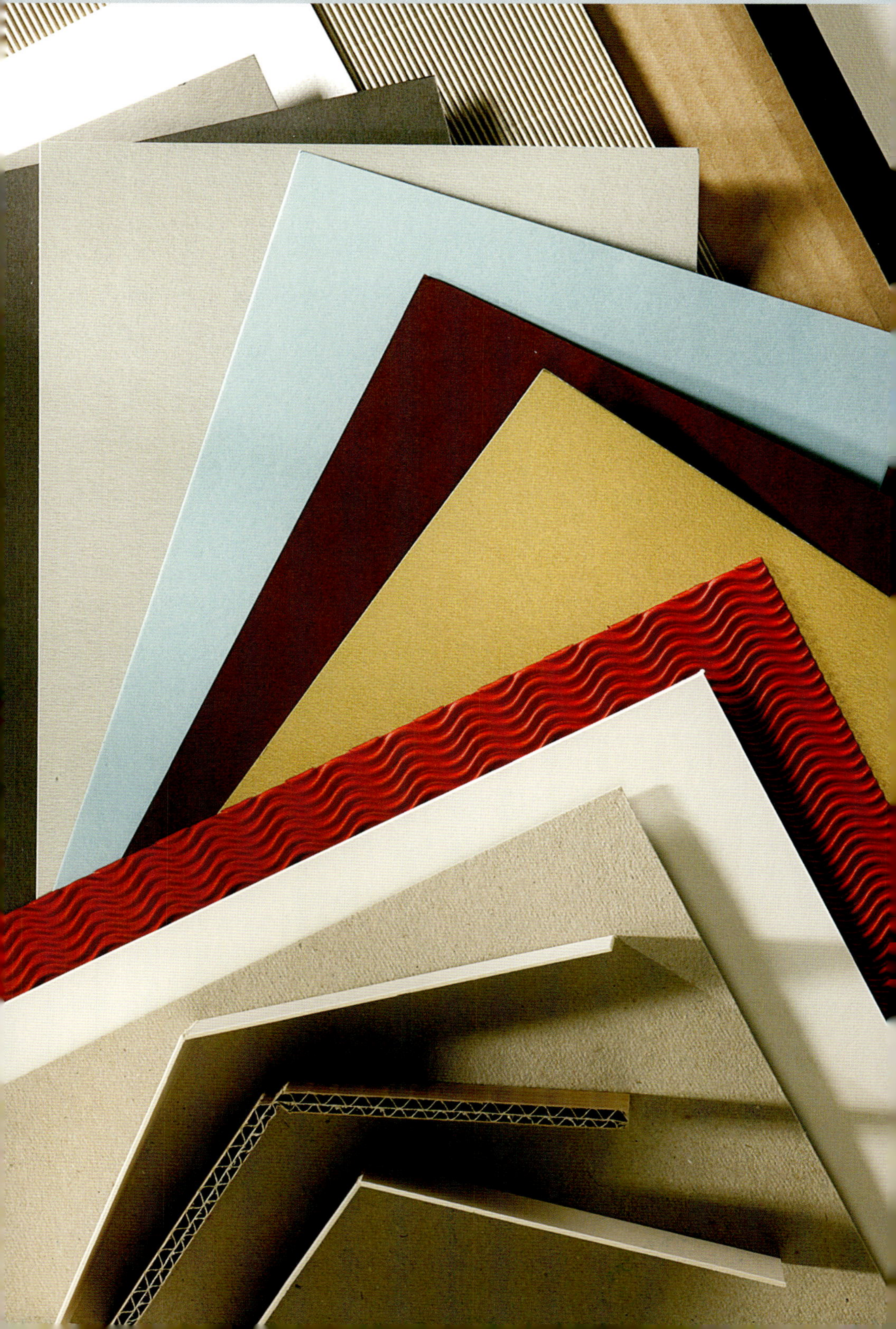

厚紙

平らで固い厚紙は、壁にステンシルをする際に模様を作ったり周囲をなぞる型紙として、または窓のブラインドの装飾用に最適です。装飾的な厚紙は、化粧板のように調度品などをおおう目的に使われます。何種類かの厚さとマットまたはグロス仕上げがあり、色もパステル調や鮮やかなもの、メタリックカラーなど実に様々です。

特徴：カードストックは、紙の繊維を圧縮して分厚く固いシートにし、密度の高い芯地に成形したものです。通常は保護や仕上げ、装飾のために両面に薄いシートが貼られます。ただし表面に貼るこの種の薄葉紙は、水によって容易にダメージを受けます。プラスチックコートの厚紙もあります。アート紙と同様、仕上げとテクスチャーが滑らかなものや、細かい畝入りのもの、ツイード・リネン・シルクなどのキメを持つものがあります。厚紙を貼る接着剤は水性も溶剤性も使えます。接着剤が付いた部分は色が濃くなる場合があります。

用途とメンテナンス：厚紙は絵を挟むマットボードとして額に使われます。窓抜きにするとマットボードの芯が見えるので、マットボードを選ぶ時は芯地の色も考慮します。また、必ず中性紙を使います。リネン目のカードストックはあまり固くなく、通常は170または180g／㎡ですが、パネルやスクリーンに本当のリネンを貼ってペイントするとペイントが流れたり吸収されたりする場合、代わりに貼るとうまくリネンのテクスチャーを出せます。厚紙は収納ボックスや書類整理ボックスに最適で、カラー紙はもちろん、無地紙を装飾的な紙でおおって使う手もあります。また、ちょっと変わった形のギフトボックスの材料としてもよく用いられます。厚紙は文房具・手工芸・製本の素材として実に様々な用途があります。直射日光を避け、乾燥した適度な温度下で水平にして保管します。

安全性と環境性：プラスチックコートの紙を除き、厚紙はすべて水と日光にさらされると容易に生分解します。

入手先：小さいシートは文房具店で入手できます。専門の紙取扱店・手工芸用品店・グラフィックメディア取扱店ならフルサイズのシートが幅広くそろっています。

コスト：4　高い。

仕様：手工芸用に大小のシートがあります。厚紙の重さは200～300g／㎡からマットボードの600g／㎡まで。メタリック仕上げのカードストックは約290g／㎡です。

WOOD • RUBBER, PLASTIC, RESIN & LINOLEUM • METAL • GLASS • FABRIC • **PAPER** • LEATHER • PAINT, VARNISH & LACQUER • STONE, CERAMICS & TILES • CONCRETE & CEMENT • PLASTER

ハンドメイドのエキゾチックペーパー

紙を手作りする技術をさらに発展させることで、何ともいえないエキゾチックな紙を作ることができます。型押しや層を重ねるなど様々なテクニックを用いて装飾・加工し、絶妙なデザインに仕上げます。機械で刺しゅうをするなど新しいテクノロジーによってさらに可能性が広がり、洗練を極めた紙が数多く生まれています。工芸家にも大変好まれ、住まいでも視線を引く造作に仕立てることが可能です。

特徴：装飾加工には、刺しゅう・型押し（手または機械による）・しわ寄せ・ランダムな3D効果を出すローリング・花びらや羽などを加える・カラーインクやメタリックペイントで模様をプリントする・水滴を落としてわざと跡を付けるなどの方法があります。違う色のシートを貼り合わせて折ったりプリーツを寄せたりし、両面が見えると鮮明または微妙なコントラスト効果が出るという手法もあります。テクスチャーと強度は材料の植物によりますが（参照→p.135「手作りの伝統紙」）、一般的に耐久性や吸水性、虫害については伝統紙と同じです。普通は漂白されていないので日光に当たっても変質しません。有毒な染料や接着剤が装飾に使われていない限り、中性紙です。布のようにソフトでふわふわした風合いに作られた紙もありますが、洗剤を使ったり洗濯機洗いをすると破れます。

用途とメンテナンス：そのまま使うこともできますし、下地として装飾を施すことも可能です。多くの紙がほのかに光を通すので、スクリーンや窓のカバー材として最適です。壁紙にしても素敵ですが、広い面積に渡って模様や紙の目をそろえるのは難しいでしょう。縁の「耳」は重ねて貼り合わせて隠してもよいですし、持ち味として見せることもできます。丈夫で厚い等級の紙は小さい収納ユニットや装飾的な箱の材料として最適です。

安全性と環境性：リサイクル材や栽培された低木、容易に再生するアシなどから作られます。原料は環境に影響を与えずに採集・加工され、製品は大変長持ちします。製紙によって地元に雇用が生まれ、古くからの伝統を維持するのにも一役買っています。

入手先：専門の紙輸入業者や取り扱い業者では幅広い種類の紙を取りそろえています。手工芸用品店では多少種類が限られます。

仕様：シートは450×450mmと500×750mm。ロット数が限られている、または一品物の紙もありますので、選ぶ際に必要量が手に入ることを確認します。

WOOD • RUBBER, PLASTIC, RESIN & LINOLEUM • METAL • GLASS • FABRIC • **PAPER** • LEATHER • PAINT, VARNISH & LACQUER • STONE, CERAMICS & TILES • CONCRETE & CEMENT • PLASTER

壁 紙

壁紙は安価で手入れの楽な壁装材として布の代わりに使われたのが始まりで、18世紀には大理石やベルベットなど高価な素材を模した紙が人気を得ました。ウィリアム・モリスのアーツアンドクラフツ運動のように、後には壁紙の模様が時代を画したこともあります。20世紀末にはミニマリズムの台頭と入れ替わるように廃れましたが、ロマンチックな雰囲気を求める時代の回帰とともに復活しつつあります。

特徴：現代の壁紙は高度な加工が施されているため色合いや模様が褪せません。水ぶきできるものも多く、プラスチックでコーティングされていればこすり洗いも可能です。貼る際はその紙の種類と重さに合った糊を使います。粘着剤付きのものもあります。フロック加工の壁紙は壁にベルベットの風合いを添えるためのもので、紙にあらかじめ決められたデザイン通り接着剤を塗布し、布の細かい繊維（コットン・シルク・レーヨン・ナイロンなど）を吹き付けて製造します。浮き出したテクスチャーを備えるアナグリプタ（エンボス加工）壁紙は、本来天井用のパネルや装飾のために作られたものです。

用途とメンテナンス：プリント柄や淡い色合いまでほぼ無数の種類の壁紙がありますが、壁画のように見える、全面に絵が描かれたタイプもあります。シーグラスなどの繊維を紙で裏打ちした壁紙もあります。室内の壁にペイントしたり紙を貼る場合は、まず無地の下地紙を貼って滑らかなベースを作ります（通常は水平方向に貼って装飾的な化粧紙の下地にします）。模様が浮き出しているエンボス加工の壁紙は、ペイントでさらに彩りを添えることもできますし、状態が悪い壁面を隠す効果もあります。マッチしたボーダーを付ければクラウンモールディングの効果を高めたり、モールディングの代わりにすることも可能です。また、腰長押の高さでボーダーを境に模様や仕上げを変えてもよいでしょう。模様が大きい場合は柄を合わせるためにかなりの無駄が出ますので、この分を見込んでオーダーします。

安全性と環境性：壁紙には相当な量の顔料・ニス・糊が含まれますが、生分解します。

入手先：装飾材取扱店・ホームセンター・インテリアデザイン用品店で入手できます。壁紙はロット単位で製造・染色されるため、ロール同士がうまくマッチングするように1回の注文でまとめて必要量を購入することが重要です（ロットナンバーも確認します）。

コスト：3～4　中程度～高い。

仕様：標準的なロールは幅520㎜、特殊な壁紙は最長で幅900㎜、長さ3.6～6m。

WOOD • RUBBER, PLASTIC, RESIN & LINOLEUM • METAL • GLASS • FABRIC • **PAPER** • LEATHER • PAINT, VARNISH & LACQUER • STONE, CERAMICS & TILES • CONCRETE & CEMENT • PLASTER

手作りのカスタム紙

手作りのカスタム紙は、極東で発達した伝統的な製紙技術を用いて工芸家が作製しますが、小枝・乾燥させた葉・花・ハーブ・地元のファブリックや糸など各地の地理的な要素や風景を彷彿とさせる素材が取り入れられています。時には金箔・銀箔・銅箔が使われることもあります。オーダーメイドして、個人的な条件に合わせて仕立てることも可能です。

特徴：この種の紙は採集した素材を柔らかくなるまで水に浸し（またはアルカリ液で煮ます）、繊維を叩きつぶして融合させ、圧力を加えて水分を切ってから自然乾燥させます。紙・コットン・ウールなどの再生材を合わせたり、顔料やテクスチャーを出す素材を添えることもよくあります。カスタムメイドの紙は原料の様々な素材をわざと目立たせるので、変化に富むテクスチャーを備えているものが多く、中にはラフで粗いキメに仕上がるものもあります。通常は原料となる繊維が長いため、水がかかっても破れにくく、さほどダメージを受けません（ただし一部の顔料は色が濃くなります）。多孔質のテクスチャーに糊がしみ込むと染みになったり、部分的にてかることもあります。

用途とメンテナンス：他の手作り紙と同じく、そのまま使ってもよいですし、下地としてさらに装飾を添えることもできます。スクリーン・ブラインド・ランプシェードにしても素敵です（そのまま、または穴を開けて透かし模様をつけます）。壁紙にも利用できますが、長いロールは作れないため、広い面積全体のテクスチャーと模様をそろえるには細心の注意が必要です。強度は申し分なく、厚い等級の紙は固いので収納ユニットや収納ボックスの材料として使えます。薄いものはプレーンな下地材のカバーとして最適です。その他、絵の額装・文房具・手工芸・製本などの用途があります。

安全性と環境性：経済活動がほとんどない地域では、カスタム紙の製作によって雇用が生まれ、古くからの伝統を維持するのにも一役買っています。不要物を利用したり生分解する天然素材を取り入れたりしています。

入手先：アーティストか工芸家から直接入手します。製紙業者との仲介が可能な文房具取扱店もあります。

コスト：3～4　中程度～高い。

仕様：オーダーに合わせたサイズ調整が可能ですが、手作業なので腕の長さ（550×750㎜）を超える寸法の紙はできません。正確にデザインを再現するのは不可能なため、必要量を適切に見積もって注文します。

皮革

　家庭で使う皮革をなめす作業は最古の産業活動の1つで、ポンペイでは古代ローマの革なめし工場の跡が発掘されています。初期の狩猟採集民は、狩りで捕らえた動物の皮を利用して身体を保護するとともに隠し、また原始的な家具や住まいを作ってささやかな暖を取り、生活に役立てていました。しかし動物の生皮は低温だとこわばり、温度が上がると腐敗します。そこで皮を柔らかくする、丈夫にする、保存するといった基本的な手段が編み出され、試行錯誤の末に皮をなめす方法が少しずつ確立されました。最初のシンプルな皮なめし法は皮に獣脂をすりこむ方法で、これを裏付ける記述がホメロスの『イリアッド』に記されています。ほかにも、日光乾燥・塩による脱水・生葉と枝でいぶすホルムアルデヒドなめし・火山地帯で広く見られる鉱石を用いるミョウバンなめしなどの保存法がありました。

　そのうち皮革は世界中の多くの文化で利用されるようになりました。古代エジプトとローマ、世界各地の先住民文化圏で、手袋やはきものなどに使われていた痕跡が発見されています。衣類のほかにも、皮革は固定式の簡易住宅や移動住宅・家具・水や持ちものを運ぶ入れもの・ボート用防水カバー・空気を入れてふくらませる浮き袋などの材料になっています。フェニキアでは配水管にも用いられていました。革ひもは道具をまとめたり構造材を縛り合わせたりする結束材や、家畜の引き具にも使われました。製革方法の進歩とともに仕上げ過程もゆっくり

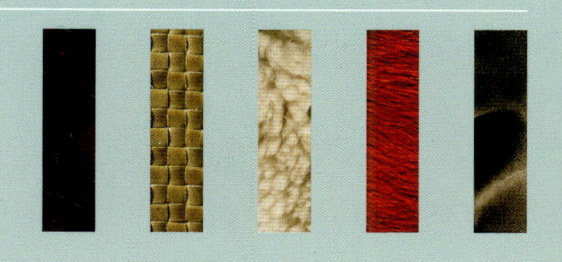

と洗練され、革の外観や柔軟性、強度が向上することになります。現在は最新の化学薬品と技術のおかげで数ヶ月といわず数週間のうちに製革が済んでしまいますが、外見そのものと用途は昔とほとんど変わっていません。

　実用性と装飾性を兼ね備えさせたいものには必ずといってよいほど皮革が用いられてきましたし、高度な装飾仕上げを施されることもよくあります。旅行鞄・財布・靴から、張り地・留め具・トリムまで、現在利用される皮革製品の多くは昔から作られてきたものです。皮革が広く愛されるのは、この過去との結びつきやナチュラルで心地よい触感ゆえでしょう。

　皮革は床材としても大きな可能性を持ち、専門メーカーでは形のそろった分厚いタイルが製造されています。壁の内張りやドア・キャビネットの表面仕上げ材としての可能性も見逃せません。獣皮とフリースは上掛けやラグとして季節を問わず好まれます。高度な仕上げ法と細工法に熟練の技が加われば日用品が芸術作品にまで高められ、牛革などの一般的な革もワニ皮やトカゲ皮などエキゾチックな皮に変身します。現在は昔から皮革が利用されてきた場面のほとんどで皮革代わりに使える素材もありますが、原皮は食肉産業の副産物でもあり、新たな製品が開発されるチャンスが絶えることはないでしょう。

WOOD • RUBBER, PLASTIC, RESIN & LINOLEUM • METAL • GLASS • FABRIC • PAPER • **LEATHER** • PAINT, VARNISH & LACQUER • STONE, CERAMICS & TILES • CONCRETE & CEMENT • PLASTER

皮革製タイル

皮革は贅沢感と結びつけられます。革特有の毛羽や斑紋は1つとして同じものがなく、合成皮革では決して出せない自然な美しさを備えています。この高級な素材を形のそろったタイル形に切れば床や壁に張ることが可能になります。伝統的な表情はもちろん、極めて現代的な雰囲気を作ることもできますし、時間の経過と共に深い味が加わります。

特徴：皮革製タイルは肉牛の皮から作られます。皮はどれも一品もので、その皮特有のキメや傷、焼き印などがあります。したがって小さなサンプルとまったく同じ製品が手に入るとは限りません。タイルは丈夫で耐久性も高く、表面にひっかき傷や摩耗が見られることはあっても、長い間には豊かな趣が備わります。触れると暖かく、滑らかかつソフトで、手を加えなくても静電気を帯びにくく防音性があり、空気を伝わる音や振動音をよく吸収します。湿ると劣化し、直射日光が当たると退色または変色します。

用途とメンテナンス：皮革製タイルを床や壁に張ると、柔らかな感じと高級感を演出することができます。ただし水分や油分が付きがちな部屋には不向きです（現在は耐水性のタイルもあります）。タイルはロット単位で加工されます。色やテクスチャーを合わせるため、やや多めに同じロット品を注文するようにします。縁は滑らかにし、きっちり詰めて並べる必要があります。ただし張る前に一度全部敷き詰めて、天然ものゆえに出る色合いなどの差を考慮し、設置後の収縮や膨張を防ぐために5～6日置いておきます。保護コートが施されていても時間が経つにつれてはげ落ちるので、時々ミツロウでシールし直します。頻繁に電気掃除機をかけ、必要に応じて水ぶき（特に液体をこぼした時）します。ベンジンやアセトンなどの溶剤ベースのクリーナーは厳禁です。手入れする際はまず目立たない部分でテストをします。

安全性と環境性：皮革製タイルは食肉産業の副産物（肉やミルクを取るために飼育されている動物から得られます）であり、本来なら廃棄されるものを有効利用するため、環境的にも無駄を出さない製品です。

入手先：専門のインテリアデザイン用品店や床材小売店で入手できます。取扱店では標準的な色をそろえているほか、注文に応じてカスタムカラーを作ってくれます。

コスト：5　非常に高い。

仕様：通常のタイルサイズは100×200mmまたは300×300mm、厚さ3.5または4.5mm。

WOOD • RUBBER, PLASTIC, RESIN & LINOLEUM • METAL • GLASS • FABRIC • PAPER • **LEATHER** • PAINT, VARNISH & LACQUER • STONE, CERAMICS & TILES • CONCRETE & CEMENT • PLASTER

型押し・エンボス加工の皮革

皮革は浮き出し模様を付けるエンボス加工が可能で、幾何学またはペイズリー模様など装飾的なデザインをあしらったり、ワニなどエキゾチックな、またはもろい革の特徴を模すこともできます。型押し・エンボス加工を施した皮革は昔から製本・旅行鞄・財布・カウボーイの鞍に使われてきました。またエンボス加工をして金色の縁取りを箔押しするデザインも、机上面の伝統的な仕上げ法です。

特徴：ムーア人がエンボス加工用に使い始めた上品で美しいキメの革はヤギから取ったものでしたが（その後モロッコ革と呼ばれ、製本用として人気を博しました）、型押し・エンボス加工に一番よく使われるのは牛革です。下処理をしてから伸ばし、水分を含ませてから、模様の付いた型と固いゴム層の間に挟んで圧力をかけます。染色の前に部分的にペイントすることもあります。皮革はほつれませんが、縁はスカイビング（革を薄くする仕上げ）が必要です。また折りたたんで槌でたたくことで余分な厚さ分を圧縮したり、ガラスまたは石で磨いて毛穴を閉じ、表面を固くする過程もあります。

用途とメンテナンス：厚い皮革は型押しして装飾的なボウル・マガジンラック・収納ボックスの材料として使います。薄いものは家具のカバーや装飾的な用途に向いています。皮革は壁や間仕切りの張り地にも使えます。この場合表面に直接貼ることもできますし、フォーム材の上にかぶせてふっくらした感触に仕立てる手もあります。湿度が高いエリアには不向きで、水分がしみ込むと次第に毛穴が開いてダメージを受けます。エンボス加工をすると表面が滑らかになって光沢が出るため拭き掃除が可能です。水分をこぼしてもすぐに拭き取れば大丈夫です（放っておくと染みになります）が、溶剤ベースのクリーナーは禁物です。クリーニングをする際は目立たない部分でテストします。革製品はプラスチック製の密閉容器に保管しないで下さい。

入手先：専門の皮革取扱店で手に入ります。数多くのテクスチャーや色合いがあります。

コスト：4　高い。通常は食肉生産量によります。

仕様：サイズは皮革の材料となる動物によって異なります。牛からは通常4.5〜5.5㎡の皮革が取れます。

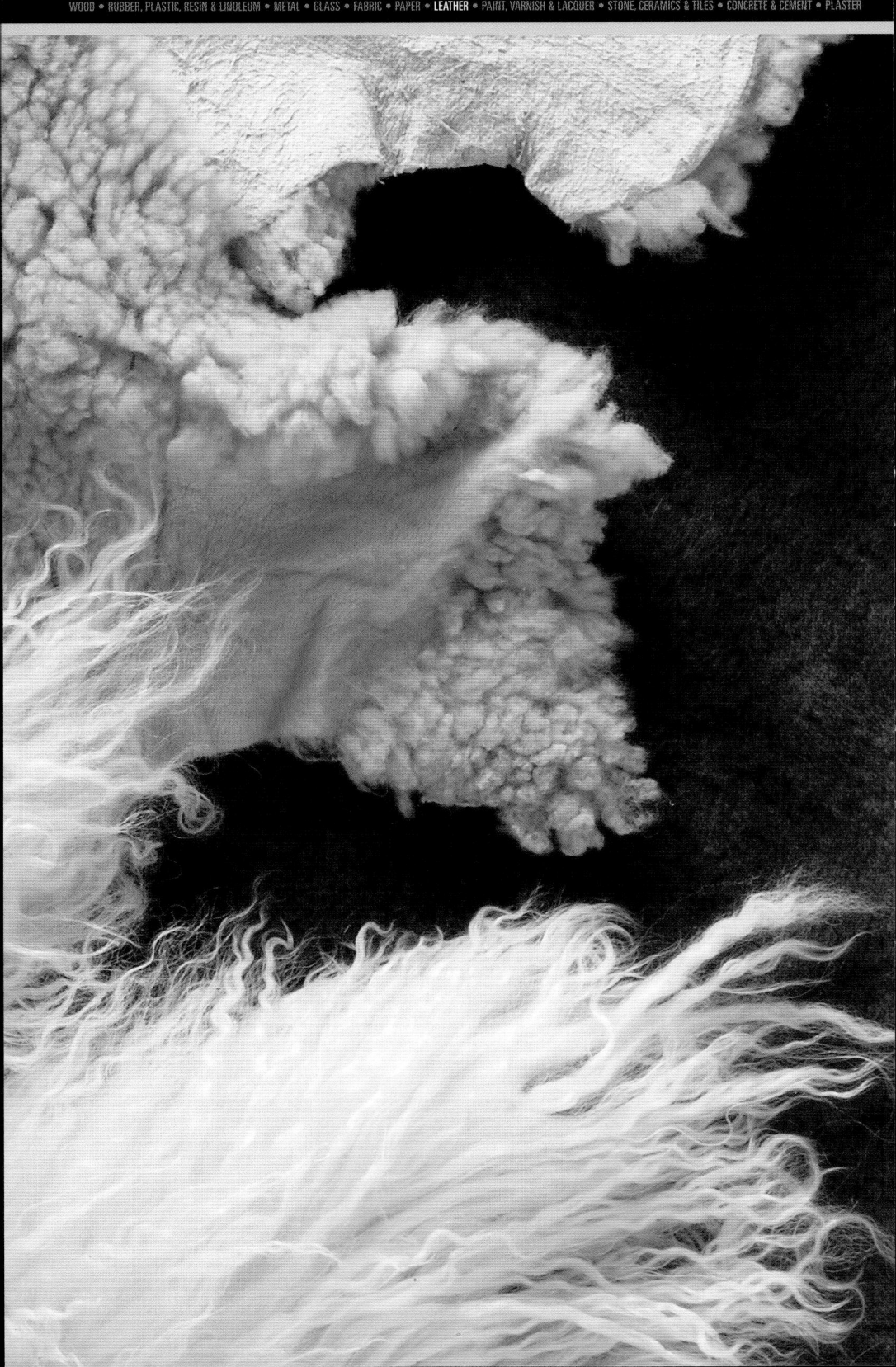

WOOD • RUBBER, PLASTIC, RESIN & LINOLEUM • METAL • GLASS • FABRIC • PAPER • **LEATHER** • PAINT, VARNISH & LACQUER • STONE, CERAMICS & TILES • CONCRETE & CEMENT • PLASTER

羊革

羊革は食用にされる羊からそのまま取られるため、フリースには本物の皮の裏打ちが付いています。まずクリーニングして毛を梳き、淡い黄や茶色がかった黒などナチュラルな色はもちろん、鮮やかな青やピンク、赤など愉快な色合いに染められることもあります。羊革のフリースはぬくもり感と防音・断熱性がある素材で、乳児の毛布や衣類のほか、クッションやラグにも使われます。

特徴：フリースは天然の断熱材で、冬暖かく夏は涼しく感じます。本来の皮革を残したフリースは別の裏打ちを付けたもの（参照→p.121）より長持ちで、断熱性も優れています。染色されないフリースは通常漂白し、外観のむらをなくしておなじみのアイボリー色にします。ウールはアレルギーが起こりにくい素材でもあります。他の天然繊維と同様によく染まり、水分を吸収・放出します。濡れると独特のにおいがし、そのままにしておくとカビが生えます。空気を伝わる音を吸収するので制音効果があり、水分と窒素の含有量が高いおかげでそのままでも難燃性を備えています。

用途とメンテナンス：天然の裏打ちがついたフリースはクッションカバーや補助ラグ（よく暖炉前に敷きます）に用いられます。ラグは生皮のままの形で毛をブラッシングしただけのものや、何枚か縫い合わせて大きくしたもの、長方形にカットして毛を切りそろえてから染色した「デザイナー羊革」もあります。他の用途は上掛け・ベッドカバー・自動車のシートカバー・ペットのベッドなどです。フリース製の壁掛けや上掛けは暖かくくつろげる雰囲気を演出してくれます。抗菌加工を施した特別なフリース製ラグも製造されており、ベビーベッドやベビーカーの安全で心地よいライナー、ベッドでの長期療養に伴う問題を緩和するマットレスライナーとして利用されます。天然フリース製品は石けんを溶かしたお湯で手洗いします。露出した繊維はほこりがつかないよう保護し、頻繁に電気掃除機をかけます。

安全性と環境性：羊皮は食肉産業の副産物であり、生分解する天然製品です。住まい内に放出された汚染物質の濃度を下げる効果があります。

入手先：天然のフリースは皮革取扱店や一部のファブリック取扱店で入手できます。ラグはカーペット取扱店・専門の販売業者・デパートで。羊革製品は専門店やデパートで購入します。

コスト：4　高い。

仕様：1枚ものの羊革は約925×1,050㎜、厚さ65㎜。
ラグや上掛けは1枚ものや複数の革をつなぎ合わせたものがあります。

WOOD • RUBBER, PLASTIC, RESIN & LINOLEUM • METAL • GLASS • FABRIC • PAPER • **LEATHER** • PAINT, VARNISH & LACQUER • STONE, CERAMICS & TILES • CONCRETE & CEMENT • PLASTER

プリント革

プリント革は漂白・トリミング・染色という加工がなされた皮革で、別の動物の毛皮を模したものや、エキゾチック風にしたものがあります。皮革のナチュラルな美しさと性質に、いかにも化学合成品らしい印象的な、異色ともいえる外見を組み合わせることができます。毛があるものとないものがあり、異なるテクスチャーと色合いを持たせる処理が加えられています。

特徴：プリント革の材料には、丈夫で裂けにくい牛革がよく使われます。表面に凹凸または毛があってもプリントできますし、染色も天然染料で染めるほか、鮮やかな色・グラデーション・メタリックカラーにすることが可能です。牛革は染めると本来のテクスチャーが失われるのでエンボス加工が必要です（参照→p.155）。革は顔料とテクスチャー加工で仕上げ、傷などを隠してクリーニングしやすくします。仕上げにはバフをかけた光沢仕上げ・マット仕上げ・ロウ引き仕上げなどがあります。皮革はもともと多孔質なので水分を吸収しますし、小さい隙間に空気を含んで冷気を遮断する効果を備えています。高熱の発生源のすぐ近くに置きっぱなしにすると乾燥したりひび割れたりする恐れがあります。革の性質として成型が可能で、型くずれしません。明るい日光に照らされると染料や色が褪せます。

用途とメンテナンス：毛のついた革はランダムな模様に染めるほか、シマウマやキリンからチータやユキヒョウなどの猛獣まで、別の動物を模したデザインもできます。毛を除去した革はテクスチャー加工によって魚・オーストリッチ・ヘビ・トカゲ・ワニ革風にすることもあります。プリント革は張りぐるみ地・クッション・上掛け・壁掛けのほか、強化すればボウル・収納ボックスなどの家庭用品になります。また、水がかからないように保護します。水しみ込んでしまうと顔料やテクスチャーが変質する恐れがあります。クリーニング剤を使う際は、前もって目立たない場所でテストします。ベンジンやアセトンなどの溶剤ベースのクリーナーは厳禁です。

安全性と環境性：牛革は食肉産業の副産物なので、プリント革は本来なら廃棄されるものを有効利用して作られます。

入手先：専門の皮革取扱店で入手します。張り地はインテリアデザイナーか家具小売店、アクセサリー類はギフトショップかデパートで購入できます。

コスト：4　高い。通常は食肉生産量によります。

仕様：サイズは材料となる革の寸法によります。牛からは通常4.5～5.5㎡の皮革が取れます。

WOOD • RUBBER, PLASTIC, RESIN & LINOLEUM • METAL • GLASS • FABRIC • PAPER • **LEATHER** • PAINT, VARNISH & LACQUER • STONE, CERAMICS & TILES • CONCRETE & CEMENT • PLASTER

スエード

スエードは革にバフをかけて表面を毛羽立たせ、ベルベットのようなテクスチャーにしたものです。ベルベットと同じく、毛足をブラッシングする方向を変えるとわずかに色が違って見えます。スエード革は柔らかく高級な素材で、張り地・アクセサリー類・衣類に用いられ、心地よいタッチが好まれます。

特徴：スエード革には丈夫で裂けにくい牛革が使われるのが普通です。皮の下層（皮膚が肉組織に接している面）を外側の上層からはがし、アニリン染料で染めてバフをかけて作られます。一見ナチュラルな色でも、原皮の色むらを隠すために染色されています。スエードには皮革本来の多孔性や吸水性が残っているので、防音・断熱材としても優れています。他の皮革と同じく成型が可能で型くずれしません。明るい日光に当たると染料が褪せることがあります。

用途とメンテナンス：スエードにはナチュラルな色はもちろん、淡色や鮮やかな色合いのものがあります。住まいでの主な用途はクッション・上掛け・パッチワークラグなどの張り地やアクセサリーですが、壁パネル（板材やフォーム材に張る・カーテン風にする）のほか、額縁や収納ボックスのカバーとしても使えます。できるだけ表面に汚れや液体が付かないように保護する必要があります。専用の防水・防汚剤で処理することもできます。クリーニング剤を使う際は、必ず前もって目立たない場所でテストします。溶剤ベースの染みクリーナー（ベンジンやアセトンなど）は厳禁です。スエード製品はプラスチック製の密閉容器に保管しないで下さい。水分が地にまでしみ込まない程度にスチームをあて、湿っているうちに柔らかい毛のブラシで毛羽をブラッシングすれば本来の風合いが戻ります。

安全性と環境性：スエードは食肉産業の副産物なので、本来なら廃棄されるものを有効利用して作られます。

入手先：スエードは皮革取扱店や一部のファブリック取扱店、張り地はインテリアデザイナーか家具小売店、アクセサリー類は様々なギフトショップかデパートで入手できます。

コスト：4　高い。通常は食肉生産量によります。

仕様：サイズは利用される動物の大きさによります。

ペイント・ニス・ラッカー

ペイントは石器時代から装飾材料として用いられています。当時は獣脂と植物染料を混ぜたものを用いて、狩りが成功した場面や死後の世界の想像場面を洞窟住居の壁に描いていました。古代ギリシャとローマでは宮殿や住宅の壁にフレスコ画が描かれました。中世の教会は絵画とフレスコ画で飾られ、普通の住居の内外壁にも装飾材としてペイントが使われるようになります。

当初、住まいでのペイント塗装といえば、ラフなプラスター壁や石壁にも塗れる水しっくいなどのこざっぱりしたクリーンな表面塗りに限られていました。水しっくいは定期的に塗り直す必要があり、装飾というよりも必要に迫られて行う家事だったのです。後に染料と顔料が加えられるとともに結合材も進歩を重ね、様々なテクスチャーと色が出せるようになり、仕上がりも長持ちするようになりました。

1700年頃からヨーロッパと北米で国内向けのペイント製造が始まり、ペイントは他の素材を模すのに利用されることが多くなりました。ペイントを使えば、プラスター壁や木製モールディングを、大理石や石の彫刻のように仕上げることができます。ペイントやグレーズ、ニスの組み合わせによって様々な装飾効果が生まれ、ラグローリング・スポンジング・マーブリング・ステンシル・グレージング・クラックリングなどの装飾的なペイントテクニックが開発されました。現在、

ほぼありとあらゆる色のペイントがあり、たとえばファブリックと古いペイント仕上げなど、コンピューターで色彩を分析して正確な色合わせをすることも広く行われています。

　もともとニスは木材、特に船材に塗る実用第一の防腐・保護コートでした。ニスは9世紀から使われていた証拠が残っています。初期のニスは木材にしみ込む天然のオイルとシール材の樹脂が材料で、現代のニスも合成成分と性能を高める添加剤こそ使われていますが、機能する仕組みはとてもよく似ています。木の自然なぬくもり感と木目、テクスチャーに対する評価が高まっている今、木には不透明なペイント仕上げよりも、木の下地が見えるニスとオイルを基剤にした防腐剤が用いられるケースが多くなっています。

　天然成分と合成成分を組み合わせた新しいシーラントが次々と開発され、下地を見栄えよくするもの、下地を完全に隠す高品質のコーティングとなるもの、耐久性を与えて風雨にあってもダメージを受けず長持ちさせるものなども作られています。木材やプラスター用はもちろん、金属・ガラスとセラミック・表面の粗いコンクリート・ファブリックに使えるペイントもありますし、中にはプラスチックを見違えるようによみがえらせるペイントもあります。

WOOD • RUBBER, PLASTIC, RESIN & LINOLEUM • METAL • GLASS • FABRIC • PAPER • LEATHER • **PAINT, VARNISH & LACQUER** • STONE, CERAMICS & TILES • CONCRETE & CEMENT • PLASTER

家庭電化製品用ペイント

キッチンの電化製品が拭いてもきれいにならないくらい傷がつき、それでも買い換える程ではない場合、特別な処方のペイントを塗ればリフレッシュすることができます。とても滑らかで丈夫な表面に仕上がります。電化製品用ペイントは、ストーブの天板・オーブン・電子レンジの内部以外であればキッチン家電の種類を問わず塗れます。

特徴：このペイントはメタリックな光沢を持つものや、白い梨地風になるものなどがあります。強度と耐摩耗性については、工場で加工された耐熱エナメルとほとんど変わりません。仕上がりの程度は電化製品の表面の状態に左右されます。天然毛のローラーを使えば、既製品に匹敵するテクスチャーに仕上げることができます。ペイントにさび止め効果はないので、むき出しになった金属に直接塗るのは避けます。2時間内に乾いてさわれるようになり、6時間内に上塗りが可能になり、12時間以内に完全に乾きます。ただし、念入りにクリーニングした表面でないとうまくペイントがのりません。溶剤性なので可燃性があります（ペイントがついた布も同様です）。必ず換気のよい場所で作業します。

用途とメンテナンス：このペイントはいかにも古びてしまった表面をリフレッシュする仕上げとして、または仕上げの異なる家電をコーディネートさせる場合に使われます。冷蔵庫・冷凍庫・洗濯機・皿洗い機・電子レンジなど屋内で使うエナメル塗装仕上げのキッチン家電に適しています。ガスオーブンやコンベクションオーブン・ストーブの天板・電子レンジの内側などには使えません。塗る前に家電をきれいにし、冷えていることを確認します。次に変性アルコールで表面をふき、ペイントの付きをよくするため刷毛やローラーで塗れる万能プライマーを塗布します。金属部分・プラスチック製トリム・取っ手などはマスキングテープでカバーします。説明書に従い、適切な乾燥時間を挟んで2度塗りします。2度目を塗る前には軽くサンディングをします。

安全性と環境性：ペイントは排水口に流したり土に捨てたりしてはいけません。多量に残ったペイントは、個別に連絡して地元の廃棄物回収業者に回収を依頼します。またはペイントが乾くまで缶の蓋を開けておき、ペイントだけかき出して缶をリサイクルします。中身が残っているエアゾール缶は有害廃棄物として処分する必要があります。

入手先：ホームセンター・ペイント＆壁紙取扱店・建築資材取扱店で入手できます。

コスト：3　中程度。

仕様：スプレーは354ml容量のエアゾール缶があります。刷毛やローラーで塗れる万能プライマーと組み合わせて使います。プライマーはペイントと同じ店で購入できます。

WOOD • RUBBER, PLASTIC, RESIN & LINOLEUM • METAL • GLASS • FABRIC • PAPER • LEATHER • **PAINT, VARNISH & LACQUER** • STONE, CERAMICS & TILES • CONCRETE & CEMENT • PLASTER

メラミン用ペイント

既存のキッチンユニット・カップボードのドア・キッチンテーブルやチェアをペイントすれば経済的にキッチンを化粧直しできます。これなら取っ手をいくつか変えるだけで、費用もほとんどかかりません。これはサテン仕上げのペイントで、メラミンなど無孔性の表面材専用に開発されたものです。この種の表面材は木や金属用に作られたペイントでは塗りにくいのが普通で、サンディングによる下処理ができません。

特徴：メラミン用ペイントは丈夫で耐久性があり、打撃や摩耗にもかなり強い素材です。メラミンやこれに似たプラスチックでおおわれたキッチンユニット・カップボード・家具用に作られています。他のプラスチック製表面材でも使える場合がありますが、前もってテストします。カウンタートップや積層床、小幅板の木床には使用できません。また屋外での利用にも向きません。このペイントは可燃性があります（ペイントがついた布も同様です）。必ず換気のよい場所で使います。

用途とメンテナンス：作りはしっかりしているのに表面がくたびれて見えるキッチンや、レイアウトはよくても見た目が古びている、そんな場合にメラミン用ペイントでコーティングすれば見違えるようにきれいになります。家具や本棚、カップボードのドアやフレームなど、滑らかでメラミンコートの表面なら場所を問わず使えます。ほとんどのメラミン用ペイントは下塗りと、上塗り（1～2回）が必要です。下塗りを兼ねたペイントもありますが、このタイプも下塗りを行った方がきれいに塗れます。刷毛やローラーで塗れる万能プライマーか、メラミン用プライマーを利用しましょう。もっと幅広い色を使いたい場合はメラミン用プライマーの上に溶剤性の上塗りペイントを塗る方法もありますが、前もって相性をテストしておきます。下準備として、金具をすべて取り外し（新しい取っ手のサイズが違う場合は穴を埋めます）、クリームクレンザーできれいにし、変性アルコールで拭きます。プライマーを塗ったら缶の説明書に記されている乾燥時間が過ぎるまで待ち、軽くサンディングしてきれいに拭き取ってから上塗りを重ねます。

安全性と環境性：ペイントは排水口に流したり土に捨てたりしてはいけません。多量に残ったペイントは、個別に連絡して地元の廃棄物回収業者に回収を依頼します。またはペイントが乾くまで缶の蓋を開けておき、ペイントだけかき出して缶をリサイクルします。

入手先：業務用ペイント取扱店・建築資材センター・ホームセンターで入手できます。

コスト：3　中程度。

仕様：750mlまたは1L缶が普通ですが、大缶もあります。
色数は少なめです（パステルカラー約8色）。

WOOD • RUBBER, PLASTIC, RESIN & LINOLEUM • METAL • GLASS • FABRIC • PAPER • LEATHER • **PAINT, VARNISH & LACQUER** • STONE, CERAMICS & TILES • CONCRETE & CEMENT • PLASTER

セラミックタイル用ペイント

キッチンやバスルームに利用されるセラミック製の壁用タイルは長持ちしますが、色合いや模様の流行り廃りがあります。そこで役立つのがタイル用ペイントで、タイルを張り直すという大手間や費用をかけなくても最新のデザインにできます。セラミックタイル用ペイントは屋内のタイルに簡単に塗れます。ハイグロス（高光沢）仕上げとサテン仕上げがあり、手早く外観をリフレッシュしたり色を変えたりできます。

特徴：タイル用ペイントのプライマーは臭いが少ない水性ペイントで、これを下塗りすることでタイル用ペイントや、高性能の溶剤性ペイント（グロスまたはサテン）の付きがよくなります。セラミックタイル用ペイントは簡単に塗ることができ、速乾性で、丈夫で耐久性があり、耐摩耗性を備えています。ただしタイル張り床・カウンタートップ・屋外には向きません。また水性またはエマルジョンペイントと組み合わせることもできません（水性のタイル用プライマーは例外です）。タイル用ペイントは可燃性があります。ペイントがついた布も同様です。必ず換気のよい場所で使います。

用途とメンテナンス：タイル用ペイントはセラミック製の壁用タイルに限らずガラスにも使えます。シャワールームなど濡れる場所にも適していますが、湿った、または低温の環境でペイントするのは禁物です。まずほこりやこびりついたミネラル分、油脂、その他の汚れを取り、クリームクレンザーでタイルを洗います。次に変性アルコールで拭き取ってからペイントします。プライマーは上塗りの付きをよくする下地の役目を果たします。2度塗り不要のワンコートペイントでもプライマーを使うほうがきれいに塗れます。何度か塗り重ねる場合は、次のコーティングの前に表面をサンディングします。目地用のクリーニング剤やペイントも合わせて販売されていることも多いのですが、グラウト（目地塗り）はかき落として塗り直す方がお勧めです。タイルと色をコーディネートさせるためのグラウト用顔料も販売されています。

安全性と環境性：ペイントは排水口に流したり土に捨てたりしてはいけません。多量に残ったペイントは、個別に連絡して地元の廃棄物回収業者に回収を依頼します。またはペイントが乾くまで缶の蓋を開けておき、ペイントだけかき出して缶をリサイクルします。

入手先：ホームセンターや建築資材取扱店で入手できます。グラウト・グラウト用ペイント・グラウト用顔料はタイル小売店やホームセンターで販売されています。

コスト：3　中程度。

仕様：タイル用プライマーとペイント：750m・1L・2L缶があります。
ワンコートペイントは約10色、上塗りペイントは15色。

WOOD · RUBBER, PLASTIC, RESIN & LINOLEUM · METAL · GLASS · FABRIC · PAPER · LEATHER · **PAINT, VARNISH & LACQUER** · STONE, CERAMICS & TILES · CONCRETE & CEMENT · PLASTER

ハイグロスのエナメル塗料

昔から使われてきた溶剤性のペイントで、木製ドア・トリム・金属・コンクリート・石造り構造の表面に不透明で耐久性のある被膜を作り、リッチな光沢をもたらします。濃密な色合いと優れた耐退色性を備えているため、風雨に吹きさらされて日光も当たる場所で、退色しては困るような場合に最適です。サンディングを挟みつつ何度か薄く塗り重ねると優れた仕上がりが得られます。

特徴：一般的にエナメル塗料は耐退色性に優れますが、白と淡色の中には時間の経過につれ黄ばむものもあります（その他は変色を防ぐ成分が添加されています）。エナメル塗料は専用のプライマーと合わせて使います。エナメルは丈夫で耐久性があり、耐摩耗・耐候性を備え、洗剤にも影響されません。湿っている、または10℃以下の環境で塗るのは禁物です。溶剤の蒸気には毒性がありますので、換気のよい場所で作業します。ペイントは高い可燃性があります（ペイントがついた布も同様です）。エナメル塗料が皮膚についたり目に入ったりすると炎症を起こしますし、飲み込むと有害で、死に至る恐れもあります。

用途とメンテナンス：エナメルは用途の広い塗料で、木製ドア・窓枠・トリム・外壁用木製サイディング・家具・機器・鉄・スチール・アルミニウム・石細工・レンガ細工・コンクリート壁などに使えます。ただし鉄類はプライマーを塗る前にさび止めペイントで処理する必要があります。新しいコンクリートは十分に養生させてから塗ります。エナメル塗料は塗膜または適切な下塗りの上のどちらでも塗れます。プライマーを塗る場合は、表面から剥離しかけたペイントやほこりを取り除いておきます。木材は作業前とコーティングの都度念入りにサンディングをし、ダストを拭き取ります。プライマーを塗ったら一晩おいて乾燥させてからエナメル塗りにかかります。床専用のエナメル塗料もあります。顔料が分離して底に沈んでしまうので、絶えずかき回しながら塗って下さい。約4時間で触れてもペイントが付かなくなりますが、一晩十分に乾燥させてから塗り重ねるようにします。薄め液にはミネラルスピリットを使います。

安全性と環境性：ペイントは排水口に流したり土に捨てたりしてはいけません。多量に残ったペイントは、個別に連絡して地元の廃棄物回収業者に回収を依頼します。またはペイントが乾くまで缶の蓋を開けておき、ペイントだけかき出して缶をリサイクルします。

入手先：装飾材取扱店・建築資材取扱店・ホームセンターで入手できます。

コスト：3　中程度。

仕様：500mlまたは1・2.5・5L缶があります。白・黒のほか、調合ペイントが約12色あります。

WOOD • RUBBER, PLASTIC, RESIN & LINOLEUM • METAL • GLASS • FABRIC • PAPER • LEATHER • **PAINT, VARNISH & LACQUER** • STONE, CERAMICS & TILES • CONCRETE & CEMENT • PLASTER

床用ペイント

床用ペイントは、コンクリート・石材・レンガ・木の床や、多孔質で耐久性のある表面材に、固く丈夫な塗膜を形成します。もともとはランドリールーム・サンルーム・地下室・物置など、こすれ・引っかき・強い摩擦が予想されるエリア用ですが、平らでクリーニングができる表面が望まれる場所ならどこにでも利用できます。

特徴：下地の状態によってペイントした床の仕上がりも左右されます。床材にゆがみやがたつきなどがなく、コンディションがよいことを確認して下さい。このペイントは小孔のたくさんある表面用で、裸材にも塗れますし、塗装面に重ねることもできます。床用ペイントは溶剤性なので換気のよい場所で使います。5〜6日以上たたないと完全に固くならないため、十二分に養生させます。湿った、または低温の環境で塗ると光沢が出にくくなる場合があり、乾燥時間も延びます。塗装面は濡れると滑りやすくなります。湿気が上ってくると塗膜が持ち上がることがあります。このペイントは可燃性です。

用途とメンテナンス：必ず乾燥したクリーンな表面にペイントします。新しいコンクリートは最低でも1ヶ月乾燥期間をおいてからコーティングします。また塗り立てのコンクリートは乾くと表面にもろい層ができます。これをワイヤブラシでこすり取り、きれいにしてからシーラントを塗ります。レンガや石材もワイヤブラシでこすり、浮きかけたかけらなどを除いてシールします。木は裸材でも塗装済みでもサンディングして節止めシーラントを塗ります。一部の速乾性の床用ペイントは1日のうちに2度塗りできますが、所定の時間をきちんとあけることが重要です（必ずメーカーの注意書きを読んで下さい）。ビニール床に塗れる床用ペイントや、ガレージ床・玄関の階段・敷居専用の製品もあります。屋外・屋内両用の製品もあります。床用ペイントはセラミック・テラコッタ・クォーリー（素焼き）の床用タイルやアスファルトには向きません。

安全性と環境性：ペイントは排水口に流したり土に捨てたりしてはいけません。多量に残ったペイントは、個別に連絡して地元の廃棄物回収業者に回収を依頼します。またはペイントが乾くまで缶の蓋を開けておき、ペイントだけかき出して缶をリサイクルします。

入手先：ホームセンター・ペイント取扱店・壁紙取扱店・建築資材取扱店で入手できます。

コスト：3　中程度。

仕様：750mlまたは2.5L缶で、約12色。
色数は少ないですが、250mlまたは5L缶もあります。

WOOD • RUBBER, PLASTIC, RESIN & LINOLEUM • METAL • GLASS • FABRIC • PAPER • LEATHER • **PAINT, VARNISH & LACQUER** • STONE, CERAMICS & TILES • CONCRETE & CEMENT • PLASTER

ヨット用エナメル塗料

ヨット用エナメル塗料は高性能のポリウレタン系塗料で、主に水はかかっても水没しない金属部分にさび止めの装飾仕上げとして使われます。乾くと大変固い無孔の塗膜になり、欠け・ひび割れ・剥離の恐れはまずありません。柵・街灯柱・機械装置・スチール製トリムにも便利です。屋根上の金属製器具の保護や、ボート・自動車に付いた傷の修復にも使えます。

特徴：特徴は色ごとに異なります。銀色は金属製の体質顔料が含まれ、穴が多いエリアに向きます。クリアエナメルは極めて滑らかな仕上がりになります。湿気にさらされることで硬化して強くなったり、むしろ水分に触れることで乾きが促進するタイプもあります。日光の紫外線で硬化するものもあります。沈殿した顔料を分散させるため、缶の中をかき混ぜてから使います（振るのは禁物です）。エナメルが皮膚についても刺激を感じることはありませんが、すぐに染みとなって落ちにくくなり、毒性もあります。エナメルは燃料・バッテリーの希硫酸・オイル類がかかっても影響を受けません。溶剤性なのでマスクを付け、換気のよい場所で作業して下さい。

用途とメンテナンス：ヨット用エナメル塗料は、クリーニングさえすれば錆びた、または使い込まれた（古い）金属の表面に直接塗布できます。新しい金属の場合は、保護用の油膜を除去してから塗ります。このエナメルは、混和しても化学反応を起こさないプレプライマー（錆び除去・下地処理剤）・プライマー・上塗りペイントを使う必要があります。プレプライマーは浮いた錆を除去し、金属下地とペイントの密着性をよくするために使います。エナメルは錆び穴が開いた、またはダメージを受けている金属の充填剤としてはもちろん、コンクリート床（コンクリートが十分硬化してから塗ります）やパテ、グラスファイバーにも塗布できます。ボートや自動車などのボディの穴にはグラスファイバー製クロスを詰め、その上にエナメルを重ねます。エナメルはきれいにして乾燥させた面に、乾いた環境で塗る必要がありますが、硬化は湿気が多い方が早く進みます。長時間日光が当たる所に塗る場合は、上塗りをしたら前もって十二分に硬化時間を取ります。

安全性と環境性：余りが出ないように、必要量を計算しておくほうがよいでしょう。缶の蓋を開けてエナメルを乾燥させてから廃棄します。

入手先：専門のペイント取扱店・ボート用品取扱店・自動車用品取扱店・建築資材センターで入手できます。

コスト：4　高い。

仕様：500mlまたは1・2.5・5L缶で、色は銀色のほか、黒色（グロスまたはセミグロス）・グレー・クリアがあります。

WOOD • RUBBER, PLASTIC, RESIN & LINOLEUM • METAL • GLASS • FABRIC • PAPER • LEATHER • **PAINT, VARNISH & LACQUER** • STONE, CERAMICS & TILES • CONCRETE & CEMENT • PLASTER

オーガニックペイント

オーガニックペイントは化学合成品による環境への影響を減らすため、すべて天然・オーガニックな材料から作られたペイントです。基本的に、コストや性能、色数の豊富さよりも環境への優しさを重視する場合に使われます。オーガニック材料の調達に関する厳格な基準や市場シェアの低さ、研究開発の直接的な経費などが反映されて販売価格が高めです。

特徴：オーガニックと無毒は同じではありません（無毒なペイントでも、多くは製造過程で環境に負担をかけています）。オーガニックペイントは環境に優しく、石油化学製品を使わずに作られています。現代のオーガニックペイントは毒性を排除するよう務められていますが、伝統的な製法による一部のペイントは鉛などの有毒な成分を含んでいます。無毒のペイントはその旨ラベルに記されています。ほとんどのオーガニックペイントは低臭ですが、換気のよい場所で作業します。多くが水性で、グロスペイントは天然樹脂で作られています。オーガニックステインに含まれる顔料が紫外線から木を守り、天然のホウ砂が菌類や虫害によるダメージを防ぎます。基本的に塗膜には微小孔があるので下地が呼吸できます。ベジタリアン的な基準を満たす製品もあります。

用途とメンテナンス：屋内外の様々な所に使えるオーガニックペイントが数多く作られ、仕上げも多岐に渡ります。ラッカー・ワックス・オイルもそろっています。オーガニック製品の印象は合成品と異なります。初めて使う場合は、本格的に作業に取りかかる前に一度試しに塗ってみて、外観も確認しておきます。他のペイントが塗られている場合はこすり落とすか、適切な製品で下処理をします。色はロットごとに作られるため、メーカーからロットをそろえて購入する場合は別ですが、自分で各缶を混ぜて同じ色調に仕上がるようにすると便利です。毒性がないペイントなので子供の玩具や家具にも適しています。

安全性と環境性：オーガニックペイントはすべて天然の材料から作られています。環境に優しいオーガニック品の基準を満たす製品であることを証明するため、認証プログラムに参加しているメーカーが大半です。

入手先：エコロジカルな建築資材取扱店や装飾業者・一部の専門ペイント取扱店・一部のオーガニック食品店で入手できます。需要が増えているので手に入りやすくなっています。

コスト：4　高い。

仕様：プライマー・上塗りペイント・ラッカー・金属用ペイント・仕上げ用トップコート（グロス・マット・エッグシェルなど）は小瓶のほか、750mlまたは2L・5L缶があります。木材用ステインは約20色です。

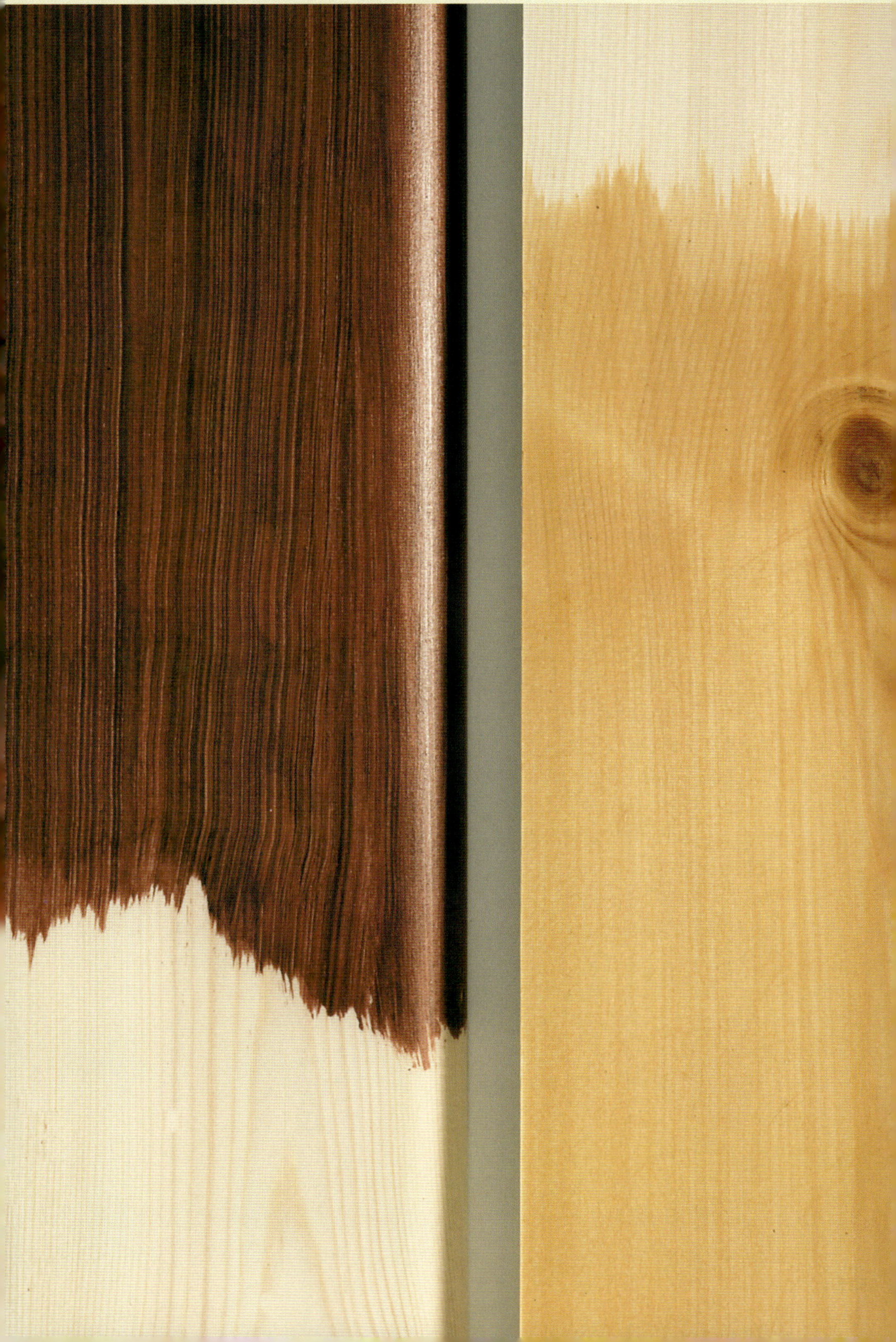

ニス

ニスは木材や木製品用の透明なシーラントで、木のナチュラルな表情を残しつつ、湿気・汚れ・摩耗・風雨によるダメージを防ぎます。仕上げにはグロス・サテン・マットがあります。カラーニスは木目などの趣はそのままに、下地の木の色に微妙な、またはリッチな色合いを添えます。

特徴：木材用ニスの原料は油・溶剤・シンナー・樹脂・乾燥促進剤・添加剤・紫外線防止剤です。透明またはナチュラルカラーのほか、濃いまたは鮮やかな色の顔料を加えたものもあります。一部のニスにはサテンまたはマットな仕上がりにするためのつや消し用ペーストが含まれています。半透明なのでやや曇って見え、仕上がりの耐久性もわずかに欠けます。大半が溶剤性なので大変可燃性が高く、必ず換気のよい場所で使います。摩耗・摩擦、溶剤と水蒸気には優れた耐久性があります。木材にニスを塗ると色が濃くなるか暖色系の色を帯びますが、年月が経つと多くが黄ばみます。特別な処方の製品以外はかなりの乾燥時間がかかります。

用途とメンテナンス：多くの種類があり、防湿性・伸縮性・紫外線からの保護性も様々です。たとえばヨット用ニスは海水や真水、風雨から下地を守るので、耐久性を要する屋内用ニスとして最適です。サテンやマット仕上げのニスに入っているつや消し用ペーストも塗膜が柔らかくなる一因なので、特に丈夫な仕上がりが必要で深い光沢が不要の場合はグロスタイプのニスを使い、最後の塗膜の上からスチールウールでこすり、バフをかけてサテン仕上げにします。サテンまたはマット仕上げのニスは塗り重ねると曇って不透明になるため、鮮明な木目を生かしたいのであれば、シーラントを何層か重ねてグロスコーティングし、最後の仕上げの時だけマットまたはサテンのニスを塗ります。ニスは通常刷毛を使って塗ります。重ね塗りの際は十分な乾燥時間を挟み、ほこりがつかないように注意して下さい。

安全性と環境性：ニスは排水口に流したり土に捨てたりしてはいけません。多量に残ったニスは、個別に連絡して地元の廃棄物回収業者に回収を依頼します。またはニスが乾くまで缶の蓋を開けておき、ニスだけかき出して缶をリサイクルします。

入手先：装飾材取扱店・建築資材取扱店・ホームセンターで入手できます。

コスト：3　中程度。

仕様：顔料の色・乾燥時間・表面仕上げなどの条件によって様々な種類に分かれます。500mlまたは1・2.5・5L缶があります。

WOOD • RUBBER, PLASTIC, RESIN & LINOLEUM • METAL • GLASS • FABRIC • PAPER • LEATHER • **PAINT, VARNISH & LACQUER** • STONE, CERAMICS & TILES • CONCRETE & CEMENT • PLASTER

亜麻仁油

無加工またはステインを塗った木材の表面に油を重ねると中にしみ込み、空気に触れることで最終的に硬化します（鉱物油などの乾燥しない油は木のシーラントに向きません）。油を塗布すると木材本来のテクスチャーが保護され、表面もシールされて湿気から守られ、繊細でナチュラルな外観に仕上がり、木床・カウンタートップ・家具に何ともいえずよい味が加わります。

特徴：フランス・デンマーク・ドイツ製のブランドなどが販売されていますが、木材用の油は通常煮詰めた亜麻仁油・テレピン油・蒸留したホワイトビネガーをミックスしたものです。亜麻仁油を加熱し、添加剤を加えることで乾燥時間が早まりますが、基本的に油は乾くのに時間がかかります。耐水性はありますが、湿度の高い環境では不十分です。また、亜麻仁油を塗った木材を濡れたままにしておくとかえってカビが生えやすくなります。通常は紫外線カット作用がないため、日光から保護する効果はありません（日光に当たると表面繊維が劣化し、カビが繁殖したり害虫がつきやすくなったりします）。油は木材にしみ込むので、除去や他の仕上げをするのは難しくなります。また可燃性が高く、油がしみ込んだぼろ布は自然発火する恐れもあるので、金属製の容器に水を入れ、その中に保管します。皮膚に付くと炎症を起こします。作業は換気のよい場所で行います。

用途とメンテナンス：亜麻仁油は耐摩耗性がなく、ワックスで完全にシールする必要があり、濡れると非常に滑りやすくなります。そのため屋外のデッキには向きません。木材に直接垂らして塗り広げるのは禁物です。粘りが出てべたべたになってしまいます。糸くずが出ない布で木目に沿って薄くすり込んでいき、自然乾燥させます。亜麻仁油仕上げは重ね塗りしやすいのが特徴ですが、毎年塗り直す必要があります。窓ガラスを入れ換える際は、パテに亜麻仁油を加えて伸びやすくします。またガラスをはめる前に窓のマリオン（縦仕切り）にも亜麻仁油をすり込んでおき、木がパテの油を吸収して乾燥を早めすぎないようにします。

安全性と環境性：亜麻仁油は天然物から作られますが、様々な添加物も含んでいます。油の性質として可燃性が高い点に注意し、使用・保管の際は配慮するようにします。

入手先：建築資材取扱店・装飾材取扱店・ホームセンターで入手できます。

コスト：2　低い。

仕様：250・500mlまたは1・2・2.5Lの缶や瓶があります。

WOOD • RUBBER, PLASTIC, RESIN & LINOLEUM • METAL • GLASS • FABRIC • PAPER • LEATHER • **PAINT, VARNISH & LACQUER** • STONE, CERAMICS & TILES • CONCRETE & CEMENT • PLASTER

ハンドメイドペイント

エンコースティック用ロウやオイルに顔料を混ぜたハンドメイドペイントは、はるか昔からアーティストによって、またアーティスト向けに製造されてきました。これらには酸化鉄・亜鉛・コバルト・銅・二酸化チタン・硫化カドミウムなどの天然顔料が含まれ、巨匠らも数多くのハンドメイドペイントを使っていました。色には、プルシアンブルー・コバルトブルー・カドミウムレッド・カドミウムイエロー・バンダイクブラウン・バーントシエンナなど歴史的な背景をうかがわせる名前もついています。

特徴：このペイントはミツロウ・顔料・樹脂を材料に作られ、色鮮やかで退色せず、黒ずむこともありません。一部のペイントには、工業的な方法では加工できないカルミンやラピスラズリなどデリケートな顔料が含まれています。純粋な顔料にミツロウを混ぜたオイルスティックは直接描き込むためのもので、リップスティックのようなかたさと、昔ながらの油絵の具のような伸び・微妙な表現力・耐久性を備えています。質感はクリーム状で液だれせず、乾燥に時間がかかります。ロウ基材のペイントは乾くともろくなるので、固着性のよい堅牢な表面材に描く必要があります。チューブ入り絵の具は顔料と乾性油（亜麻仁油）を練ったものでロウは含まれていません。そのため粘度は低くなります。粉状顔料は細かいものから顆粒状（光を反射する効果があります）のものまで段階があります。色合いは深みがあって濃く、通常はカバー力に優れ、マットでベルベットのような仕上がりになります。塗り重ねて、丈夫でテクスチャー感のある塗膜を作ることもできます。非常に毒性の強いペイントもあります。

用途とメンテナンス：ハンドメイドペイントは透明感のある素朴な顔料で、絵画やアートの保存作業に使われます。エンコースティックペイントは溶けた熱いロウを媒体にするものです。熱いプレートの上でペイントを熱して溶かしてから筆やパレットナイフ、指で塗ります。すぐに固まりますが、再加熱するとまた柔らかくなります。装飾面に塗布した後に再加熱し、ペイントの層を溶融させて融合効果を出すことができるペイントもあります。鮮明な色合いや厚いテクスチャーが求められる装飾面にはハンドメイドペイントが向きます。ただし屋外には使えません。

安全性と環境性：天然物が原料ですが、有毒なペイントもあります。乾燥すれば安全に取り扱えるので、廃棄する場合は乾燥させてからにします。成分の油に引火する危険があるため、安全な容器に保管します。

入手先：専門の美術用品取扱店で入手します。地塗り絵の具（鉛白）やウサギ皮 膠（にかわ）など関連した製品も扱っています。

コスト：5　非常に高い。

仕様：スティック：長さ165×直径37㎜、長さ125×直径21㎜。
エンコースティックペイント：ブロックで104または333ml。

WOOD • RUBBER, PLASTIC, RESIN & LINOLEUM • METAL • GLASS • FABRIC • PAPER • LEATHER • **PAINT, VARNISH & LACQUER** • STONE, CERAMICS & TILES • CONCRETE & CEMENT • PLASTER

PVAペイント

PVA（ポリ酢酸ビニル）は広く使われているポリマーで、多くの木工ボンドに含まれます。紙やテキスタイルに光沢剤としてコーティングされることもあります。PVAペイントは水性で乾くのが早く、上塗りやシーラントとして用いられるほか、多孔質の表面にプライマーとして塗ると滑らかでむらのない下地になります。この下地は割れず、ひびも入りにくい性質を備えています（アーティストはPVAを溶いてキャンバスの地塗りに使います）。

特徴：顔料と水に結合材としてPVAを加えると酢酸ビニル樹脂塗料やラテックス塗料になります。顔料の定着がよく、色褪せしにくく、長持ちする低グロスの光沢が得られます。水溶性ですがいったん乾くと耐水性になります。乾燥が早く、つやのある水ぶき可能な塗膜を形成します。固まってもエタノールなどのアルコール類には溶けますが、酸・アルカリ・紫外線には耐性があります。毒性は低く低臭ですが、換気のよい場所で作業をします。皮膚や目に付いたり、吸い込むと刺激があります（スプレーする際はマスクを着用します）。ほとんどのペイントは10℃以上で作業をする必要があります。長期性能は材料となる顔料の質や添加剤によって異なります。ペイントは不燃性です。

用途とメンテナンス：PVAペイントは壁用に作られたもので、家具、または基本的に木材にも向きませんが、中には屋外用や、木材・ビニール・アルミニウムに塗れるものもあります。屋内の石材・レンガ・コンクリート面にも使えます（塗り立てのコンクリートは1ヶ月程十分に養生させます）。また、プラスターを塗っただけの面や乾式壁体の下塗りにし、上塗りのカバー力や固着を向上させることもできます。混色も可能ですが、薄めるのは禁物です。製品の濃度に手を加えずに使って下さい。汚れ隠しや、塗装の上に重ねる用途には使えません。美術品修復家はPVAペイントを用いて顔料を充填します。PVAは本来の下地を傷つけずにアルコールで拭き取れるためです。

安全性と環境性：家庭ゴミとして出せますが、他のペイントと同様に、PVAペイントも缶の中で乾燥させてから廃棄します。大量に残った場合は有毒廃棄物として地元の廃棄物回収業者に処理を依頼します。

入手先：ペイント取扱店・装飾材取扱店・建築資材取扱店・ホームセンター・美術用品取扱店で入手できます。

コスト：2　低い。

仕様：標準色は500mlまたは1・2・5L缶があります。オリジナルカラーをオーダーできる場合もあります。

WOOD • RUBBER, PLASTIC, RESIN & LINOLEUM • METAL • GLASS • FABRIC • PAPER • LEATHER • **PAINT, VARNISH & LACQUER** • STONE, CERAMICS & TILES • CONCRETE & CEMENT • PLASTER

クラックルグレーズ

クラックルグレーズ（クロールグレーズともいわれます）は風雨にさらされた状態や古いペイントが風化した様子を模すために使われます。一風変わった特徴的な装飾仕上げで、特別な処方のニスやペイントをある手順で塗り重ね、細かにひび割れた古めかしいアンティーク風に仕立てます。クラクリュール（古い名作に見られる微細なひび割れ）に似たパターンができます。

特徴：表面のひび割れは性質の異なるシーラントを重ねて作り、方法は2つあります。クラックルニス仕上げの場合、乾燥の遅い油性グレーズを薄く引いた上に、速乾性の水性ニスを塗ります。下層のほうがゆっくり乾燥して収縮し、それにつれて上層全面にひび割れができることになります。クラックルメディウムは膠で地塗りした上に塗り、乾いてからラテックス塗料を仕上げ塗りします。ヘアドライヤーをかけるとテクスチャーのひび割れが増します。クラックル仕上げは摩耗・摩擦・溶剤・水蒸気に優れた耐性があります。木材にニスを塗るとわずかに色が濃くなるか暖色系の色を帯びますが、年月が経つと多くが黄ばみます。

用途とメンテナンス：クラックルグレーズは下塗りとペイントをした表面に重ねます。ニスに顔料を加えたり、すっかり乾燥した後であれば、ひび割れに顔料を塗ることもできます（ただし上塗りの前に）。ひび割れが固まったら、上に油性のニスを重ねてひびを埋め、滑らかな表面に仕上げます。クラックルは無地の家具や、平らな表面の壁に最適です。装飾が多い、またはカーブの深い面では、へこんだ部分にニスが溜まってしまいます。ペイント仕上げの木製家具ならテーブルやチェアから大型戸棚まで、また木製の額縁や鏡枠にも味のある表情が出ます。適したプライマーを使えばキッチンキャビネットやセラミックタイル（参照 →p.205）にも使えます。

安全性と環境性：これらは排水口に流したり土に捨てたりしてはいけません。多量に残ったものは、個別に連絡して地元の廃棄物回収業者に回収を依頼します。または中身が乾くまで缶の蓋を開けておき、中身だけかき出して缶をリサイクルします。

入手先：美術用品取扱店・手工芸材料取扱店・ペイント取扱店・装飾店・ホームセンターで入手できます。

コスト：3　中程度。

仕様：クラックルニスと、クラックルメディウム&上塗りのセットは300ml・1L・4L缶があります。

石材・陶磁器・タイル

　切石ともいわれる石のブロックは、エジプトで4,500年前にピラミッドが建造された時代から、石切場から切り出されて建築に使われてきました。石のブロックは、古代ギリシャの遺跡や崩壊した建築物、ローマ帝国中に巡らされていた道路にも見られます。

　石の特徴は、基本的にどのような過程で形成されたかによって異なります。火成岩は名前からも分かるように、地殻の奥深くで高熱によって生成されます。建材に使われる最も一般的な火成岩は花崗岩です。石灰岩・砂岩・トラバーチンなどの堆積岩は何千年も前に川や海に沈降した成分に圧力がかかってできたもので、中に小さい化石や貝殻が入っているものもあります。大理石・珪岩・粘板岩などの変成岩の場合、原石のでき方は異なりますが、どれも温度や圧力が加わって組成が変わっています。

　大理石など、人気のある石は切り出しや運搬に費用がかかるのが常でした。ところが新たな鉱床の発見と石工技術の開発・機械化、そして石の加工に必要な技術が発祥地であるイタリア以外にも広まったことから、石材は手に入りやすい素材になったのです。家庭内でも様々な用途に使われ、その美しさと耐久性が高く評価されています。大理石のモザイクも人気が復活しています。

　石のブロックと同様に、建築物にセラミックタイルを使う工法にも歴史的なルーツがあります。バビロンからエジプトに至るまで、古代文化でも施釉セラミックタイルが

使われていたことが分かっています。タイルはあでやかで長持ちする装飾として用いられましたが、ペルシアのイスラム文化圏ではタイルの製造法と利用法が洗練を極めた末に完成され、他に抜きんでた独創的装飾が行われています。

　そして、エンボス加工を施した鮮やかな色の幾何学形タイルが地中海沿岸に広まりますが、ヨーロッパにまで普及したのは12世紀になってからのことです。それ以来、急激に様式の数が増えていきます。イタリアでは施釉した豊かな色彩のマジョリカタイルが作られ、アントワープとデルフトの職人たちは自らが手がけていた陶製テーブルウェアと同じスタイルにタイルをペイントしました。フランス・英国・ドイツで多く作られたのはイコン的なタイルでした。イスラム文化の伝統に影響を受けたスペインは長いあいだ製陶業の一大中心地で、16世紀になるとセラミックタイルの大量生産を初めて可能にした新たな技術が開発されます。スペインのメーカーは今でもタイル製造業において卓越したポジションを占めています。

　セラミックタイルや石製タイルは、壁・床・天井から暖炉・壁画・モザイクまで、事実上どんな所でも保護や装飾のために用いることができます。タイルは実用的な上に魅力的な素材で、屋内外で利用でき、スタイリッシュなミニマリズムから色彩豊かな地中海様式、豪華で洗練された表情から力強いカントリー風まで、様々なスタイルに仕立てることが可能です。

WOOD • RUBBER, PLASTIC, RESIN & LINOLEUM • METAL • GLASS • FABRIC • PAPER • LEATHER • PAINT, VARNISH & LACQUER • **STONE, CERAMICS & TILES** • CONCRETE & CEMENT • PLASTER

石灰岩・砂岩

石灰岩は非常に豊富に存在する堆積岩の1つです。硬さは中程度、目の細かい砂質の外見で、所々に粒状の石や斑紋が入っています。ポルトガル・エジプト・イタリア・フランス・イスラエル・スペイン・英国など多くの国で産出されます。建築には明るい淡色の石が用いられることが多いのですが、石灰岩はもともと様々な形状や色があり、キッチン・バスルーム・床にも使われます。

特徴：天然石はどれもそうですが、石灰岩も組成・斑紋・色合いにバリエーションがあります。色は濃い灰色がかった黒から、斑入り・金色・クリーム色・ピンクがかったベージュ・白色に近い色まで様々です。ほかには栗色や緑がかった灰色もあります。産出地によって色はほぼ決まっています。トラバーチン（イタリア産）は、クラシックな茶と黄褐色の平行な縞が入っています。ロザートは均一な淡いピンク、トラニはベージュがかったピンク、アンカスターミクスト（英国のリンカーンシャー産）の色は青からベージュまで幅広いバリエーションがあります。仕上げは本磨き仕上げ・鏡面グロス仕上げ・磨き仕上げ（サテンのように滑らかながら、鏡面仕上げではない）・割肌またはびしゃん仕上げ（ラフな表面になる）・タンブル（不規則な形状の表面を磨き仕上げする）などがあります。さらにサンドブラスト・エイジング仕上げもあります。石灰岩はとても酸（酢も含みます）に溶けやすいのですが、熱にはあまり影響を受けません。

用途とメンテナンス：石灰岩の床や壁用タイルには形がそろったレギュラーとランダムなサイズのものがあり、真っ直ぐ敷くタイプと斜めに敷くタイプに分かれ、屋内用と屋外用もそろっています。パティオや水がかかるエリアでは、表面を割肌仕上げかテクスチャー仕上げにすると滑りにくくなります。ブロックはサイズに合わせて切削し、階段・階段の踏み板・幅木にすることもできます。石灰岩はカウンタートップ・バックスプラッシュ・洗面ボウル・シンク・バスタブ・シャワールームの小物棚にも使えますが、この場合表面の十分な保護と後のメンテナンスが必要です。シールして化学薬品によるダメージや汚れが付かないようにしておきます。クリーニングはほうきなどで掃くか電気掃除機で。必要に応じて洗剤を溶かしたお湯で洗います。

安全性と環境性：石灰岩は完全に天然の素材で、とても長持ちします。環境への負担が最もかかる点は輸送です。産地からはるか遠くに離れた場所に運ばねばならないケースが多いからです。

入手先：石材輸入業者か、タイル販売店やキッチン用品販売店などの石材取扱店で入手できます。多くの専門店では施工も引き受けてくれます。暖炉囲いや工芸品は、石材店のほか、リサイクル品取扱店・アンティーク品販売店を通じて購入します。

コスト：4　高い。

仕様：床用タイル：305または400mm四方、最大900×600mm、厚さ10・15・20mm。
カウンター用：幅625または900mm、長さ2または3m。

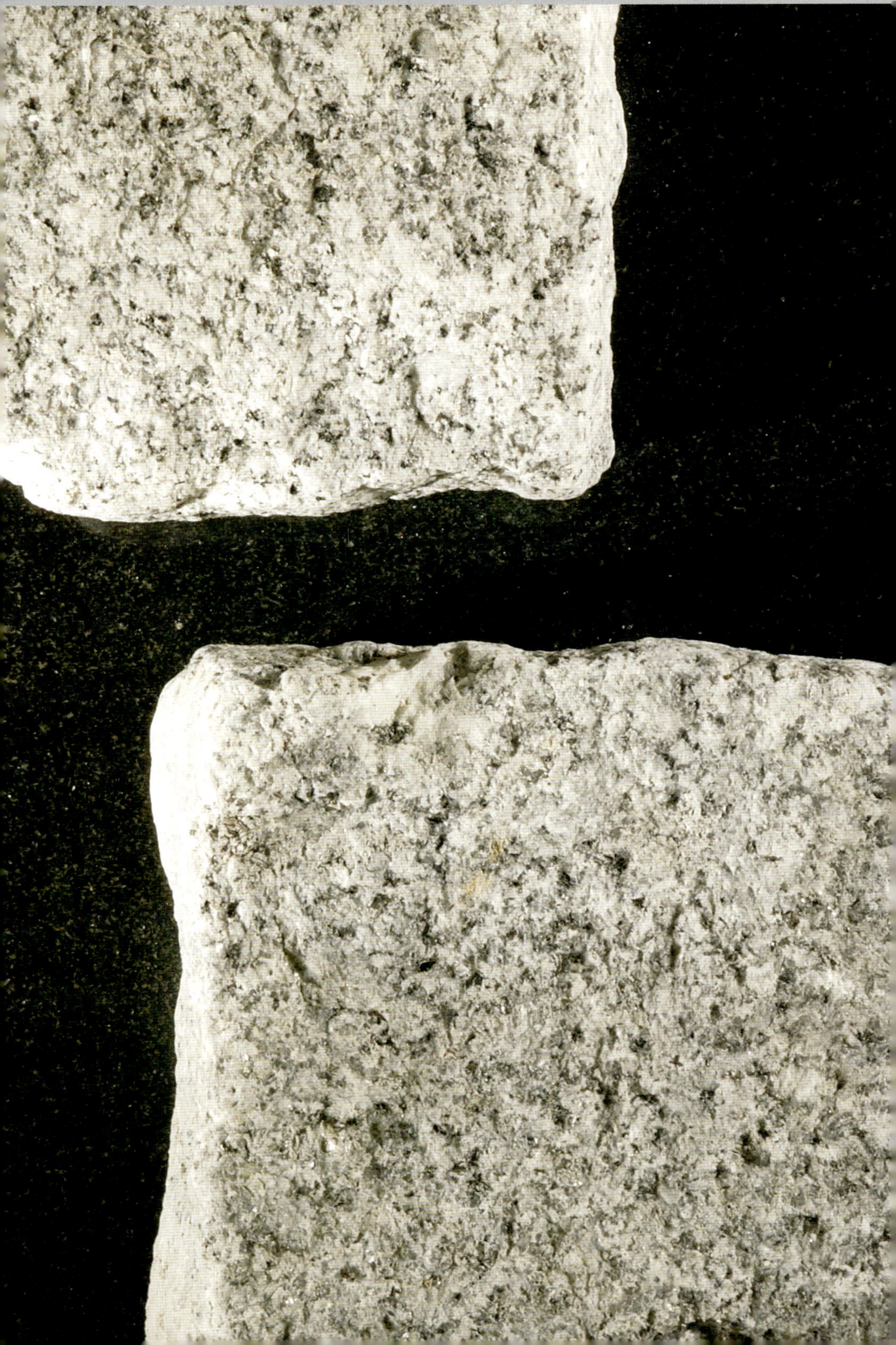

花崗岩

花崗岩は非常に固く、テクスチャーは粗い粒子状で、均一に斑が入っています。はるか昔から主要な建材として選ばれ、花崗岩が用いられた遺跡が世界中に残っています。色は様々で、ベージュ・金色・淡いローズ・深紅のほか、茶・緑・青・黒・灰などがあります。表面を磨くと鏡面仕上げになり、キッチンのカウンタートップに最適です。

特徴：花崗岩は結晶が集まった粒子状の構造を持つ岩で、主成分の石英・長石・雲母が様々な比率で含まれています。100種類以上の色合いがあるのは、それぞれ長石の含有量が微妙に異なるためです。硬さと密度の高さでは石の中でもトップクラスで、大理石のような美しさを備えつつ、耐久性はさらに上です。磨くときれいな表面が得られますが、ショットブラスト・酸洗・磨き仕上げ・割肌・サンドブラスト・びしゃん仕上げ・タンブル・エイジングなどの加工も可能ですし、熱を加えて結晶をわざと壊し、ラフな滑りにくいテクスチャーにすることもできます。中温～高温には耐性があります。

用途とメンテナンス：花崗岩を磨くと極めて滑らかな仕上がりになり、衛生的な表面材としてキッチンのカウンタートップやバックスプラッシュに最適です。コーディネートするシンクや洗面台もあります。成形してバスルームの洗面ユニット・シャワールームの壁や床・ドアノブ・炉や暖炉囲いにすることも可能です。屋外では風雨などに強い性質を生かし、庭の敷石・ベンチ・噴水・装飾にしてもよいでしょう。日本庭園では昔から灯籠や橋の材料に使われています。表面には細孔があるのでシールしないと染みがつくことがあります。非常に固く、ナイフが当ってもまず傷つきませんが、刃のほうがなまってしまうので、カウンタートップではまな板を敷きます。欠けたら同じ色の花崗岩の粉末をエポキシ樹脂と混ぜたもので補修できます。

安全性と環境性：花崗岩は完全に天然の素材で、とても長持ちします。環境への負担が最もかかる点は輸送です。産地からはるか遠くに離れた場所に運ばねばならないケースが多いからです。

入手先：多くの石材輸入業者や、タイル販売店やキッチン用品販売店などの石材取扱店で入手できます。大体の専門店では施工も引き受けてくれます。暖炉囲いや工芸品は、石材店のほか、リサイクル品取扱店・アンティーク品販売店を通じて購入します。

コスト：4　高い。

仕様：床用タイル：305または400mm四方、最大900×600mm、厚さ10・15・20mm。カウンターはオーダーメイドでカットしてもらえます(シンク用の開口部をつけてもらうなどのオプションも可能です)。

大理石

石灰岩が変成を受けた真っ白いものが大理石で、内部に広がって母岩の色味となる斑紋の美しさで知られています。繊細な美しさを持つ石で、加工しやすく、古代から彫刻や建築に使われ、今でも贅沢と富に結びつけられます。これらの性質から広く愛され、重く大きい素材にもかかわらず、絶えることなく産地からはるか遠くの地に輸送されています。

特徴：大理石の成分は、貝殻や先史時代の生物の骨のカルシウムが水中の二酸化炭素と結びついてできた炭酸カルシウムです。純粋な方解石は白色で、大理石の斑紋は含まれる微量元素によって形成されます。この微量元素は採掘場所によって種類が異なります。ヘマタイト（赤鉄鉱）は赤、リモナイト（褐鉄鉱）は黄、蛇紋岩は緑、透輝石は青みを添えます。非常に有名なビアンコカラーラ（灰色の斑紋入り）はイタリアのカラーラ産です。花崗岩やスレートに比べると柔らかく、のみなどの道具で容易に加工できます。石目が不規則なため非常に割れやすい大理石もあり、その場合はライナーか補強が必要になります。また大理石は湿気にあうと簡単に崩れますし、雨がかかると適切なシールをしていない限り小孔が開きます。耐熱性はありますが、酸によって染みになったりダメージを受けたりします。また通行量が多い所やキッチンで使う場合はシールする必要があります。

用途とメンテナンス：屋内では暖炉囲い・バックスプラッシュ・シャワールームの囲いなど、様々な用途に適します。シンク・ボウル・洗面台・バスタブは石塊から削り出し成形することもできます。厨房にも好まれますが、カウンタートップにする場合はシールが必要で（数年おきにシーラントを再塗布します）、ナイフ跡がつかないようにまな板を敷きます。大理石は彫るのが簡単で触感にも優れるので、彫刻を施して装飾的な造作にする目的にもよく使われます。磨いた大理石は濡れると滑りやすく、屋外の敷石には向きません。

安全性と環境性：大理石は完全に天然の素材で、とても長持ちします。環境への負担が最もかかる点は輸送です。産地からはるか遠くに離れた場所に運ばねばならないケースが多いからです。

入手先：石材輸入業者や、タイル販売店やキッチン用品販売店などの石材取扱店で幅広く入手できます。多くの専門店では施工も引き受けてくれます。暖炉囲いや工芸品は、石材店のほか、リサイクル品取扱店・アンティーク品販売店を通じて購入します。

コスト：4　高い。

仕様：床用タイル：305または400mm四方、最大900×600mm、厚さ10・15・20mm。カウンターはオーダーメイドでカットしてもらえます（シンク用の開口部をつけてもらうなどのオプションも可能です）。

WOOD • RUBBER, PLASTIC, RESIN & LINOLEUM • METAL • GLASS • FABRIC • PAPER • LEATHER • PAINT, VARNISH & LACQUER • **STONE, CERAMICS & TILES** • CONCRETE & CEMENT • PLASTER

クォーリータイル

クォーリータイルは無釉のセラミックタイルで、カントリー風の感触と外観を持っていますが、性能はハイレベルです。かつては赤いテラコッタ色か、濃い灰色がかった黒で無地のタイルが普通でした。現在は様々な色合いとテクスチャーがあり、他の製品を模したものもあります。屋内外を問わず、様々な環境で使うことができます。

特徴：クォーリータイルは天然の粘土を非常に高い温度で焼いて作ります。全体が焼き固められた同一の素材なので、優れた耐久性を備えています。一部のタイルの全面に見られる特徴的な濃褐色の「焦げ跡」は、焼成中に瞬間的に炎を当てることで作られます。吸湿性は低く、耐霜性があり、硫酸以外のすべての酸に耐性があります。コンクリートやスレート、木目を模したテクスチャーに仕立てることもできます。もともと防滑性がありますが、表面全体に平行な溝を刻んでさらに摩擦力を高めたものもあります。濃色のタイルを床に敷くと日中に日光の熱を蓄え、夜間にゆっくり放出するパッシブソーラーシステムになります。

用途とメンテナンス：クォーリータイルは通行量の多いエリアや湿気の多いエリアに適しています。滑りにくいのでキッチンやユーティリティルーム、スパ（温水浴槽）やスイミングプールの周囲に最適です。炉辺や暖炉囲いにも使えます。滑らかでシャープな縁のタイルもありますし、手作り風にわざと不規則なラインに仕上げたものもあります。標準的な正方形や長方形のタイルに加え、「スフィンクス（Sphinx）」「グラナダ（granada）」などのインターロッキング（かみ合わせ）タイルも製造されています。「カロー・ド・オクタゴン（carreaux d' octagone）」は四隅が切り落とされ、そこに小さい四角いタイルを埋め込んで模様にコントラストを添えるタイプのタイルです。常に水浸しになったり湿っているエリアではコケやカビが生じることがありますが、化学薬品が含まれるシーラントを塗れば生えにくくなります。頻繁にほうきで掃き、必要に応じて洗剤を溶かした水でモップをかけます。

安全性と環境性：クォーリータイルは天然物を材料に作られ、有毒な添加剤を含まないので安全に使えますが、シーラントには有毒なものもあります。長持ちしてリサイクル可能な素材です。

入手先：建築資材取扱店・床材＆床用タイル販売店・ホームセンター・リサイクル品取扱店で入手できます。マッチするフォルムの階段段鼻や、幅木用のプロファイル加工ストリップ（成形した小板）もあります。

コスト：3　中程度。

仕様：通常150mm四方ですが、50〜300mm四方のものもあります。厚さは6・14・16mm。インターロッキングタイル：縦横135または165mm、厚さ9mm。

WOOD • RUBBER, PLASTIC, RESIN & LINOLEUM • METAL • GLASS • FABRIC • PAPER • LEATHER • PAINT, VARNISH & LACQUER • **STONE, CERAMICS & TILES** • CONCRETE & CEMENT • PLASTER

interior Materials & Surfaces: The Complete Gulde

幾何学模様のタイル

幾何学模様のタイルやエンコースティック技法で焼かれたタイルは無釉で、床に模様を描き出すために使われます。ビクトリア時代から1930年代まで、英国のタウンハウス・マンションビル・商業施設の玄関ホールや表の歩道に広く使われました。イタリアの教会に敷かれている大理石製モザイク床の模様をベースにしているため、テセレイト床（切りはめ）という名でも知られています。現在は既に幾何学模様に並べてあるタイルセットもあります。

特徴：無地の幾何学模様タイル（通常は黒・白・テラコッタ・茶・青・黄）は三角形・四角形・台形・六角形・八角形などの形を持ち、ユニット単位で組み合わせて複雑な模様を描き出します。エンコースティックタイルは模様を合わせて使うクレータイルで、通常は四角く、色粘土を重ねて焼き付けた複雑な模様があります。この種のタイル地は表面から底まで同色の粘土で作られているため、摩耗しても外見はさほど変わりません。耐久性は非常に高く、加工しなくても防滑性があり、吸湿性はやや低めです。耐霜性で、硫酸以外のすべての酸に耐性があります。

用途とメンテナンス：主に現在は、幾何学模様の古い床を修復・修理するために製造されています。様々な色・サイズ・模様のタイルがオーダーメイドできます。新しいユニット式（既に模様が組まれている）タイルには黒＆白のみのものもありますが、種類によってはフルカラーのタイプもあります。模様敷きにしたタイルの縁を囲むためのボーダー模様用タイルもあります。この種のタイルは通常接着剤を用いて敷き、目地はほとんど作りません。新たに幾何学模様のタイル床を作る場合は、コンクリートか合板の下地に敷きます。屋内のタイル床は、接着剤とグラウトが硬化してから専用のシーラントでシールする必要があります。屋外の床はシールしません。タイルがきちんと設置されてさえいれば、通行量の多い場所でも屋内外どちらでも適しています。

安全性と環境性：このタイルは天然物を材料に作られ、有毒な添加剤を含まないので安全に使えますが、シーラントには有毒なものもあります。長持ちしてリサイクル可能な素材です。

入手先：リサイクル品取扱店・建築資材取扱店・床材取扱店・床用タイル販売店・一部のホームセンターで入手できます。

コスト：3　中程度。

仕様：正方形・直角二等辺三角形：38〜150mm四方、長方形：25〜150×75mm。六角形・八角形・半八角形・台形もあります。

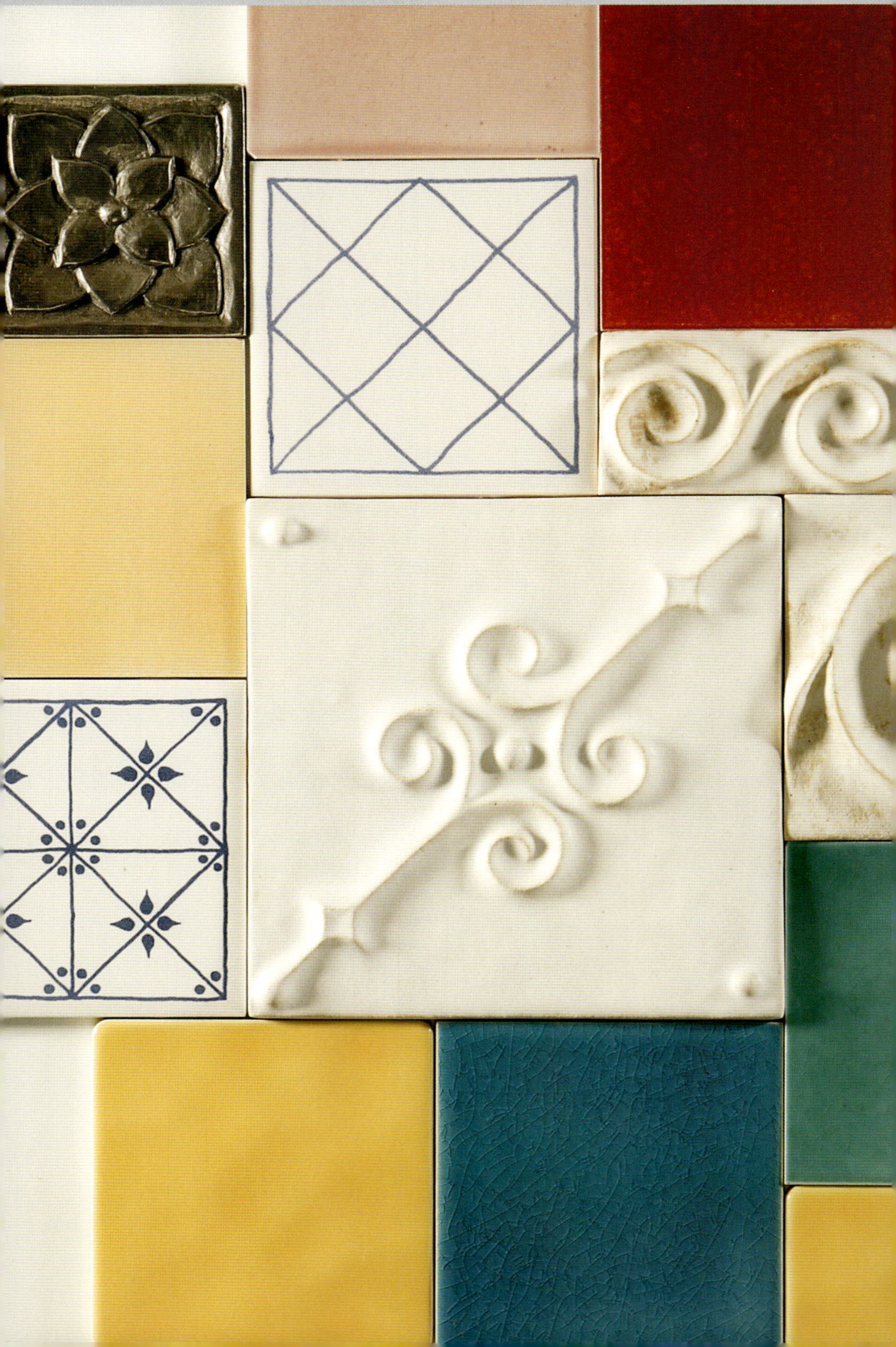

セラミックタイル

もともと壁用または床用タイルは大理石などの美しい石でできていて、シンプルな、または複雑な模様にカットされ、丈夫で装飾的な表面材として使われていました。その後、これらに代わってもっと手に入れやすい施釉セラミックタイルが用いられるようになります。今は無数の色・テクスチャー・模様があり、絶えず新しい素材（ガラス・金属・天然石）も導入されています。現在、最高級のセラミックタイルのほとんどがスペインのメーカーで製造されています。

特徴：セラミックタイルは粘土・シリカ・融剤・顔料・その他の原材料で作られ、表面は不浸透性でガラス質のエナメル状になっています。壁用タイルの釉がかかっていない裏面は床用タイルよりも多孔質で接着性に優れます。一般的に釉は丈夫で、色が黒いものもありますが、顔料を豊富に使ったタイプは色合いも明るめです。平らなタイルのほか、模様がエンボス加工されたものも見られます。セラミックタイルは耐久性に優れ、クリーニングしやすく、耐汚・耐熱・防水・難燃性を備えています。

用途とメンテナンス：セラミックタイルを壁・床・その他の面に張れば、実用的で衛生的なカバー材になります。屋外では外装壁や窓台に使えますし、装飾的な暖炉囲いやテーブルトップに仕立てる目的にも利用できます。モザイク風の表情を出せる小さなタイルは、まとめてそのまま張れるよう紙やメッシュの台紙が付いているので手早く敷けます。ほとんどの施釉タイルは耐水性ですが、グラウトは防水性のものでもわずかに水が浸みるものなので、必要に応じて耐水性のある表面材（セメントボードか耐水性の複合材ボード）にタイルを敷くようにします。カウンタートップには滑らかな仕上がりのグラウトを使うか、シーラントを塗って色合いや衛生を保てるようにします。シャワールームなど湿度の高いエリアでは防カビ性のグラウトを用います。一般的に床用タイルは壁用よりも硬くて密な粘土で作られているため、小孔が少なくて吸水性が低く、表面も丈夫です。床用タイルを壁に張ることもできますが、壁用タイルを床面や作業面に敷くのは禁物です。

安全性と環境性：セラミックタイルは昔と変わらない天然原料と焼成法によって製造されます。形質が安定し、施工の際もその後も安全です。タイルは再利用できます。生分解はしませんが、毒性はありません。

入手先：タイル販売店・建築資材取扱店・ホームセンターで入手できます。色は様々で、施釉タイルにはグロス・サテン・クラックルグレーズ仕上げがあります。

コスト：3　中程度。

仕様：正方形・長方形・六角形のほか、規則的な形や不規則な形があります。サイズは12mm四方（モザイクタイル）〜300×300mmまで。タイルと合わせられる、対照的または調和するストリップ材もあります。

WOOD • RUBBER, PLASTIC, RESIN & LINOLEUM • METAL • GLASS • FABRIC • PAPER • LEATHER • PAINT, VARNISH & LACQUER • **STONE, CERAMICS & TILES** • CONCRETE & CEMENT • PLASTER

ハンドメイドの壁用タイル

ハンドメイドかつ手作業でペイントしたタイルは量産品と同様の過程を経て製造されますが、ロットが小さく、注文に応じて作られることもあります。手作りのタイルは素朴なテクスチャーや芸術的な模様が評価されます。1つずつ模様が描かれたものや、何枚か並べると大きなパターンまたは場面ができるよう絵付けされたタイプもあります。ハンドメイドのタイルはすべて手作りで、テラコッタ粘土や白土を原料にしています。

特徴：ハンドペイントタイルは施釉済みの市販タイルに絵付けをするのが普通で、その後釉薬（ホーローより強度に欠けることが多い）をかけて二度焼きします。手びねり成形のタイルは標準サイズのほか特別なサイズがありますが、量産品よりも厚いのが普通で、縁のラインも一定ではありません。平らなタイルに加え、浅浮彫り、型押し成型品などがあります。クエルダセカはムーア式やスペイン式の伝統的なタイル張りにある幾何学的な、または花模様のデザインを模したものです。壁用タイルは通常拭き掃除ができる釉薬が使われていますが、突き出たデリケートな細工部分には注意が必要です。釉は丈夫ですが、黒っぽい色の釉には割れやすいものもあります。タイルは長持ちで耐久性があり、耐汚・耐熱・防水・難燃性を備えています。

用途とメンテナンス：ハンドメイドタイルはバックスプラッシュやシャワールーム囲いなどに実用的な表面材として、または装飾的なパネルかフリーズ（帯状装飾）として利用できます。大抵は屋外でも使えます。カウンタートップやパワーシャワーを使うエリアに張るタイルの場合、高品質な釉が必要です。タイルを壁に張ってもよいですし、絵のように考えて、そのまま、または台や額を添えて飾る手もあります。フレームやテーブルトップに組み込んでもよいでしょう。エンボス加工や重ね塗りがなされたタイプは壁用です。平らなものなら床に使えないこともありませんが、壁用タイルを床やカウンタートップに使うのはお勧めできません。素朴なカントリー風のものや不規則な形のタイルは目地を広く取ります。汚れや雑菌が付きやすそうであればグラウトもシールします。防水性が欠かせない所では、耐水性のある表面材にタイルを張ります。

安全性と環境性：セラミックタイルは形質が安定した素材で、施工の際もその後も安全です。タイルは再利用できます。生分解はしませんが、毒性はありません。

入手先：タイル販売店か、直接アーティストから（手数料がかかります）購入します。

コスト：4　高い。

仕様：通常は正方形か長方形、標準サイズと合う150×150mmまたは100×200mmが一般的。タイルを引き立てるボーダー材や装飾的なストリップ材を製造している工芸家もいます。

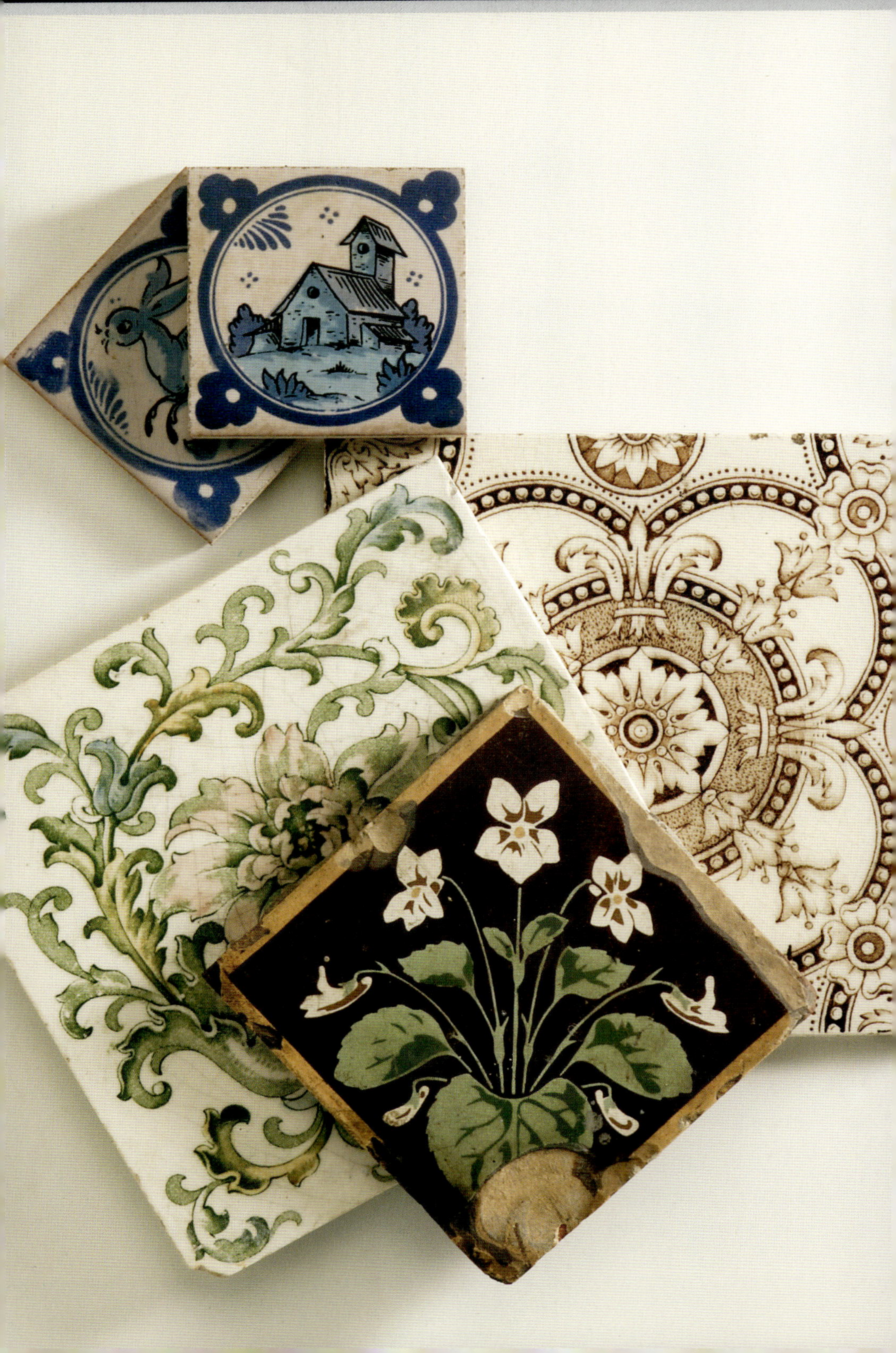

再生タイル

昔の鉄道駅・病院・校舎・キッチン・ホテル・肉屋などの店舗では、造作としてセラミックタイルや施釉レンガがよく使われていたものでした。これらは近代化が進む過程で数多くの建物からはがされましたが、その多く（特に装飾性の高いビクトリア様式のタイル）が再生建築資材販売業者を通して入手できます。また、現代の住まいに取り入れるべく需要も高まっています。

特徴：再利用できるようにタイルをはがす作業は費用がかかる上、高度な技術も必要です。再生タイルは専門の修復者の手によって念入りにクリーニングし、処理を施す必要があります。中には釉に穴が開いていたりひびが入っていたりして修復が必要なものも含まれています。従ってタイルの量はそれぞれ大きく異なります。無地で同一のタイルに引き立て役となるボーダー材を添えたものや、何枚か集めて大きな場面や文字にするものもあります。施釉・ハイグロス仕上げが一般的です。きちんと施工すれば、再生タイルは新品と同じく衛生的で耐久性・耐熱・防水・難燃性の点でも劣りません。

用途とメンテナンス：ビクトリア時代とは施工法が変わったため、現代の工法で再生タイルを張るときれいに見えません（たとえば目地は細く、ことのほか整然と仕立てる必要があります）。施工はタイル張りの保存に特別習熟した熟練工に依頼します。キッチン・バスルーム・リビングルーム・ダイニングルームなど、多少の熱や湿気がこもる場所にも使えます。手に入りやすいタイルは、暖炉囲いの側面や廊下の腰羽目にはめ込むためのものです。タイルは壁面に直接張ってもよいですし、タイル用にあつらえた木材のパネルや木製フレームなどに収めても素敵です。床に使えると明確に分かっているものは別ですが、再生タイルは床に適しません。

安全性と環境性：ビクトリア時代の再生タイルは価値が右肩上がりで、建築物からの盗難が相次いでいます。大量取引されたタイルが合法か否かは保存協会で確認できるはずです。

入手先：アンティーク品販売店・リサイクル品取扱店・オークションなどを通して入手できます。在庫を持っている、または製品を調達してくれるタイル取扱店もあります。

コスト：4　高い。

仕様：通常はヤード法による標準サイズ、特に150×150・50×150・100×200㎜のタイルが多く、タイルに合わせられる幅50または75㎜のボーダー材もあります。

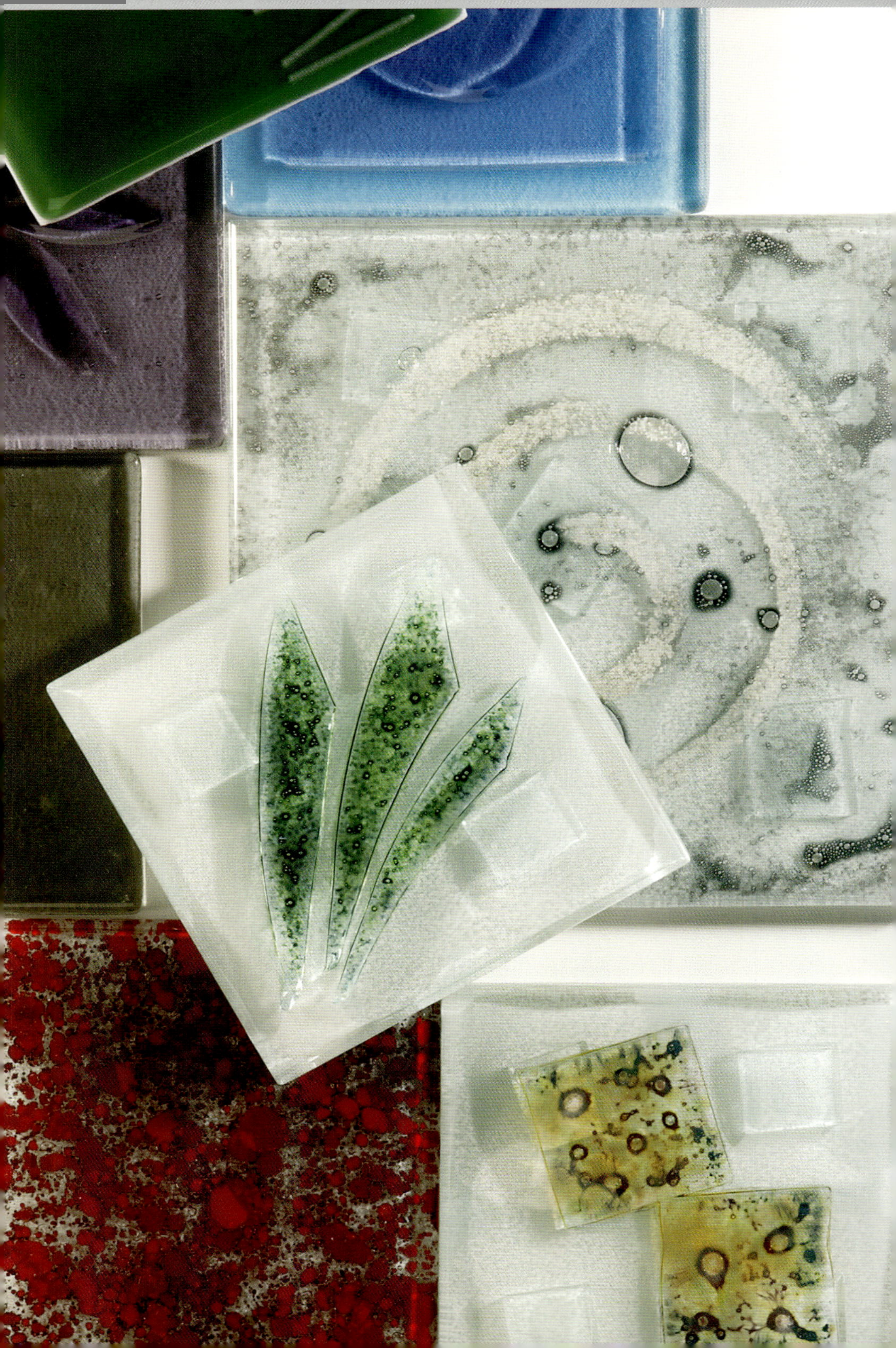

ガラスタイル

ガラスタイルはガラス工芸や宝石製作、セラミックタイル製造の伝統的な技術を利用して作られます。色鮮やかなこのタイルを壁に張れば、ドラマチックながら実用的な表面材になります。標準的なサイズのガラスタイルのほか、小さいガラスタイルを集めてモザイク模様にするテッセラタイプもあり、様々な独創的デザインに仕立てられます。透明性や輝きを堪能できるようにすると効果倍増です。

特徴：ガラスのみを材料にしたもののほか、セラミックと組み合わせたタイルもあり、色も混色またはメタリック仕上げなどがあります。フュージング（色ガラスのピースを高温で溶融させる技法）とスランピング（参照→p.99）でも製造されます。スランピングによるガラスタイルは厚さが一様でなく、小さな気泡が目立ちます。この特徴により光が拡散されて像がゆがむため、透けて見えにくくなる上に面白い視覚効果が得られます。ガラスタイルはひっかき傷が付きにくく、丈夫な上に衛生的で、耐霜性と難燃性を備えています。水や汚れもしみ込まず、化学薬品がかかっても影響を受けません。

用途とメンテナンス：ガラスタイルは湿度の高いエリアで活躍します。陽光で鮮やかな色が引き立つ屋外でも生えますし、ステンドグラス窓に組み込むこともできます。濡れると滑りやすくなるため、まず床には不向きです。多くのタイルは凸型の装飾効果が施されています。平らなタイルは極めて硬く、カウンタートップに最適です。ほとんどのタイルが透明なので、下地表面の色合いや模様には注意が必要ですし、仕上がりの美しさを損なわないよう接着剤の塗布にも配慮が求められます。ガラスのモザイクタイルはまとめてそのまま貼れるよう紙やメッシュの台紙が付いているので手早く敷けます。単独でも（既製のデザインもあり）、セラミックタイルと組み合わせても使えます。施工の際は通常のタイル張り用具が利用できます。クリーニングはガラスクリーナーで。複雑なテクスチャーの部分は汚れがこびりつかないようにしておきます。

安全性と環境性：ガラス製品はリサイクル可能です。ガラスタイルには再生ガラスが使われることもあります。

入手先：ガラス工芸品販売店・タイル販売店・ホームセンターで入手できます。特別な仕様のタイルはオーダーメイドするか、工芸品として製造を依頼します。

コスト：4　高い。

仕様：合わせて使えるセラミックタイルのサイズと同様（参照→p.205）です。コントラストが映えるストリップ材は縦横12〜25×200㎜、厚さ約4〜6㎜。

WOOD • RUBBER, PLASTIC, RESIN & LINOLEUM • METAL • GLASS • FABRIC • PAPER • LEATHER • PAINT, VARNISH & LACQUER • **STONE, CERAMICS & TILES** • CONCRETE & CEMENT • PLASTER

スタンプ転写による柄タイル

スタンプでタイルにデザインを押せば、タイル1枚1枚に全く同じ模様を写し取ることができます。この技術は機械化されたタイル製造でもハンドメイドのタイルでも用いられています。繊細で複雑な線画の伝統的な模様が数多くあり、1色または複数色でタイルに転写されます。スタンプ転写によるタイルの模様は凝ったものが多く、シンプルな装飾のタイルを数多く張った中でよくアクセント的に使われます。

特徴：スタンプによる絵の転写はハイテクな機械でも手作業（ゴムスタンプ）でも行えます。スタンプだけを使うこともありますし、他のペイントまたは彩色技術と組み合わせられることもあります。この種のタイルはどれも表面が平らで、通常は下地釉の上にスタンプを押します。タイルのスタイルやサイズ、縁のラインにはバリエーションがあります。タイルのスタンプ面は透明な仕上げ層をかぶせ、模様が消えないように保護します。施釉セラミックタイルの特徴をすべて備え、長持ちで丈夫、耐汚・耐熱・防水・難燃性を備えています。

用途とメンテナンス：スタンプによる柄タイルを使うと、その新しいテクスチャーやモチーフによって既存のタイル張りが見違えるようにリフレッシュします。また、表情に乏しいタイル張りエリアに色みや味わいを添えてくれます。スタンプは床用と壁用いずれのタイルにも使うことが可能ですし、表面に保護仕上げがなされているため、キッチンやバスルームの壁・バックスプラッシュ・暖炉囲い・炉辺・窓台など人通りが多い場所や湿気の多い環境でも使えます。ただし一部のアンティークタイルやもろいタイルは衝撃が加わらないような位置に設置します。特に美しいタイルは台座を付けて壁掛けやトリベット（熱い皿の下敷き）にしてもよいでしょう。既存のセラミックタイルにスタンプすることもできます（新品でも張ってあるものでも可）。この場合まず念入りにタイルをクリーニングし、タイル用のプライマーペイントで下処理をします（大抵はマット仕上げのカラーコーティングも必要になります）。次に手作業でスタンプまたはステンシルを施し、さらに筆で描き加えたり精彩を添えたりします。保護シールとして、最低でも3回透明なアクリルウレタン塗料を塗って下さい。

安全性と環境性：スタンプによる柄タイルは形質が安定し、施工の際もその後も安全です。タイルは再利用できます。生分解はしませんが、毒性もありません。

入手先：タイル販売店・建築資材取扱店・ホームセンターのほか、再生アンティーク品販売業者・再生建築資材販売業者で入手できます。様々な色合いと模様に加え、グロス・サテン・クラックルグレーズ仕上げがあります。

コスト：3～4　中程度～高い。

仕様：標準サイズは通常100・125・150mm四方です。

WOOD • RUBBER, PLASTIC, RESIN & LINOLEUM • METAL • GLASS • FABRIC • PAPER • LEATHER • PAINT, VARNISH & LACQUER • **STONE, CERAMICS & TILES** • CONCRETE & CEMENT • PLASTER

レンガ

レンガ造りには、天然の素材と色合いからにじみ出るぬくもりと安らぎ、心地よい触感があります。現代のレンガは流し型による成型か、レンガ用の押し出し型に粘土を通してワイヤーカットする製法で大量生産されますが、基本的な材料は昔から変わっていません。画一化が進む中、独特の色合いやレンガ積みのスタイルを特徴とする地域も残っています。

特徴：色合いとテクスチャーは粘土の色（テラコッタ・クリーム・黒・茶・青）や燃料、焼成温度、添加剤（炭素・塩・礫・ガラスなど）によって変わります。レンガは色付きの釉をかけることができます。断熱性にも優れ、冬は室内の熱を逃がさず、夏は涼しい空気を保ちます。また「呼吸」するため湿度などの変化を穏やかに調整してくれます。高密度な素材なので圧縮に大変強く、そのままでも耐火性を備えています。比較的柔らかいものもありますし、経年変化や公害によって表面が劣化する場合もあります（化学製品のシーラントで予防します）。レンガは激しい風雨にも耐えるよう、高温で焼成されています。標準サイズが決まっているので扱いやすく、融通の利く素材です。

用途とメンテナンス：レンガは広く利用される建材で、構造材としても耐候性を備えた外装材としても使われます。レンガ壁は長手積み（長い側面を横にする）と小口積み（短い側面）を組み合わせて模様を作りながら段積みします。交互に長手積みと小口積みの段を重ねる組み方はイギリス・クロス積みといいます。アメリカ積みは長手積みを5段重ねてから小口積みを1段重ねます。ほかにはイギリス積み・フランス積み・ヘリンボーン積などが一般的です。レンガはパティオ・庭の車道や小路に敷くこともできます。適切に施工すればメンテナンスは不要です。白華（白い粉状の塩類析出物）は化学薬品で取り除けます。アンティークまたは再生レンガをノコ引きして厚さ1.25cmのストリップ材にしたものは床用セラミックタイルの代わりになります。

安全性と環境性：レンガは天然粘土から作られます。

入手先：建築資材取扱店で入手できます。

コスト：3　中程度。

仕様：標準レンガ：215×102×70㎜。古い再生レンガや外国産のものはサイズにバリエーションがあります。アーチ・カーブ・装飾的ディテールを構成するための特殊形状レンガもあります。

WOOD • RUBBER, PLASTIC, RESIN & LINOLEUM • METAL • GLASS • FABRIC • PAPER • LEATHER • PAINT, VARNISH & LACQUER • **STONE, CERAMICS & TILES** • CONCRETE & CEMENT • PLASTER

スレート

目が詰まって硬いほとんどの石材と異なり、スレート（粘板岩）は容易に薄板状にはがれます。そのため屋根葺き材やサイディングに広く使われますが、キッチンやバスルームのカウンタートップにしても魅力的で、実用性にも優れます。黒から濃灰色、緑や赤褐色など約60色の天然色があり、極めて一様な色合いのもののほか、斑入りの変化に富んだタイプもあります。

特徴：スレートは耐火性があって日光に当たっても影響を受けません。虫害を起こすこともなく、陰の湿った場所でも雑菌の繁殖を助長せず、無孔で撥水性もあります。酸と公害による汚染物質にも耐性があります。熱気や寒気を穏やかに遮断し、濃色は熱を吸収して蓄え、ゆっくりと放出します。岩の性質から割肌仕上げになるので防滑性に優れた表面が得られます。ウェールズ地方にある一部の石切場では、採掘時に直接屋根瓦に加工されます。

用途とメンテナンス：通行量が多い場所に適し、表面にシーラントを塗らないまま野ざらしにしておくこともできます。床に敷けば日中に日光の熱を蓄え、夜間にゆっくり放出するパッシブソーラーシステムになりますし、暖炉の炉床や囲いにも使われます。スレートタイルは滑らかな切削面を見せてもよいですし、積み重ねてラフな縁を特色に仕立てることも可能です。これは擁壁・ウィンドウのアーチ・階段の蹴込み板の押さえにも効果的です。よく磨き込むかオイルをたっぷり引けば、滑らかで実用的なカウンタートップやバックスプラッシュになります。表面仕上げがくすんできたらオイルを再塗布します。バスルームの洗面ユニット・洗面台・シャワールームの床や囲いに利用できます。屋外では屋根瓦やサイディングのほかにも、小道やパティオの敷石・擁壁や外装壁・プールやスパの囲いとデッキ・造園・噴水などの水場に使えます。

安全性と環境性：完全に天然の長持ちする素材です。環境への負担が最もかかる点は輸送です。産地からはるか遠くに離れた場所に運ばねばならないケースが多いからです。

入手先：石材輸入業者や石材取扱店・床用タイル店・キッチン用品販売店・建築資材取扱店・ホームセンターで幅広く入手できます。多くの専門店では施工も引き受けてくれます。

コスト：3　中程度。

仕様：屋根葺き材は標準サイズ。床用タイル：305または400㎜四方～900×600㎜、厚さ10・15・20㎜。カウンタートップはカットおよび細部の仕様をオーダーメイドできます。

コンクリート・セメント

　コンクリートは砂利の骨材・水・セメント（石灰岩と粘土の細かい粉末）を混合して作られます。水を混ぜるとセメントが結合材となって素材同士を固定します。近代的な素材のように思われていますが、古代から現在知られているコンクリートとあまり変わらない形で使われていました。古代アッシリアやバビロニアでは結合剤として粘土を使ったコンクリートを作っていましたし、エジプトでは石灰岩と石膏を用いていました。ローマではアッピア街道やコロシアム、ローマ風呂の建設に火山岩を砕いたポゾランを原料にしたセメントを利用しました。

　現代のセメントは18世紀に英国で開発されたもので、当時は砕いたレンガを補強材として混和していました。この製造法が格段に進歩したのは石灰岩と粘土を一緒に焼成すると化学的性質が変化して強度が増すことがわかった1824年のことです。これがポルトランドセメントで、現在でも広く使われています。また養生期間や硬さ、耐水性・耐火性を持たせたり変えたりするための混和剤が加えられることもあります。大規模な建築工事で構造材として使われるような現場打ちコンクリートには粗い礫（れき）が混入されますが、滑らかな仕上げには砂などの細かい骨材が用いられます。

　金網や鉄棒で強化されたコンクリートは、コンクリートの圧縮に対する強さと埋め込まれた金属の引っ張り強度があいまって割れにくくなっています。鉄筋コ

ンクリートの発展につれ、高層ビルや橋梁から、耐震性のある住宅または暴風雨の多発地帯でも安全な住まいまで、独創的で抽象的なまでの建築物が作られるようになりました。

　建築部材も多くがプレキャストコンクリートで作られています。レンガやブロック・床用と天井用平板・舗装用タイル・排水溝などがその例です。大きさの規格も種々ありますが、顔料を添加して色合いを変えたり、大理石や再生金属などの代替材を骨材に加えることで、最終的な製品の性質も大きく変わります。表面に型押しや孔開け加工、たたき仕上げ、洗い出し加工などをしても面白いテクスチャーや効果が得られます。コンクリートは表面仕上げにも使えます。床や内壁・外壁に塗れば、防水性のある、またはテクスチャー感のある表面コート材になりますし、外観にさらに工夫を加える場合もプレキャスト品に用いる手法の多くが応用できます。

　コンクリートはプレキャスト部材として作る、または表面コート材として塗るという利用法のほかに現場打ちという施工法があります。この場合、通常は合板など安価な平板を使って堰板という型枠をその場に作ります。ここにコンクリートを流し込み、硬化するまで養生させてから堰板を取り外します。この手法は土台・基礎・床・歩道によく使われていますが、キッチンのカウンタートップのほか、バスタブ製作にも応用することができます。

WOOD • RUBBER, PLASTIC, RESIN & LINOLEUM • METAL • GLASS • FABRIC • PAPER • LEATHER • PAINT, VARNISH & LACQUER • STONE, CERAMICS & TILES • **CONCRETE & CEMENT** • PLASTER

コンクリートスラブ

コンクリートを型に流し込み、平板状に成型したものがコンクリートスラブです。乾燥や取り扱い、輸送の便宜を図るため、現場で打つこともあればプレキャストのモジュール材として製造されることもあります。テクスチャーは粗くも滑らかにも、色合いはナチュラルなままにすることも色付きにもできますし、舗装や下張り床に使う実用第一の素材としてはもちろん、コンクリートスラブ自体を主役として扱うことも可能です。特にガラス・ナット&ボルト・マイクロチップなどの様々な素材を混入して視覚的な面白さを出したものは目を引きます。

特徴：混和剤を加えると、コンクリートの強度・耐水性・耐霜性を向上させられるほか、乾燥時間を伸ばすこともできます。顔料や装飾的な骨材を加えれば、カラー仕上げやひと味違った仕上げになります。コンクリートは、金属塩および鉱物塩と着色料の水溶液で色付けする(酸エッチング)ことが可能です。コンクリートは耐衝撃性に優れ、圧縮に強く、磨いてシールすれば汚れも付きにくくなります。剪断耐力や引っ張り強度は構成材によって異なります。氷結するような環境ではもろくなりますが、耐風性と耐火性があります。ただし極端な高温にはダメージを受けます。

用途とメンテナンス：ベーシックなスラブには現場打ちのものとプレキャストのものがあり、床やルーフデッキ、下張り床に敷くのに使われます。パティオや庭の車道に敷くスラブはオーダーでナチュラルな感じや古風にできます。床は成型して磨き、溝を切って染色することで石板の床を模すこともできます。段階的にグラインダーの研磨面を細かくしていけば、表面が滑らかになってつやが出ます。プレキャストコンクリート製のバスタブ・洗面台・シンクもありますが、重いので前もって床構造をチェックしておきます。床用ペイント(参照→p.177)を塗れば鮮やかな色のベーシックな仕上がりになりますし、高度なペイントテクニックで大理石やタイルを模してもよいでしょう(ウレタンの上塗りで仕上げます)。ほかには汚損に強い屋外の家具・スタイリッシュな屋内の家具・キッチンカウンター(磨けば汚れにくい衛生的な表面材になります)・暖炉囲い・炉床などの用途があります。暖炉の内側には耐火性コンクリートを使います。

安全性と環境性：コンクリートは天然素材が原料で毒性はありませんが、化学混和剤には毒性の危険があります。分解しませんが、細かく砕いて道路の底石や骨材にリサイクルされます。

入手先：原材料や部材は建築資材取扱店・ホームセンターで入手できます。オーダーメイド品は専門の請負業者に依頼します。

コスト：2～4　低い～高い。

仕様：窓台・階段・屋外の敷石、バスルームやリビングルームの家具のほか、カスタムメイド品(床・カウンタートップ)もあります。

WOOD • RUBBER, PLASTIC, RESIN & LINOLEUM • METAL • GLASS • FABRIC • PAPER • LEATHER • PAINT, VARNISH & LACQUER • STONE, CERAMICS & TILES • **CONCRETE & CEMENT** • PLASTER

打ち放しコンクリートとセメントモルタル仕上げ

ほとんどのコンクリートの場合、表面を仕上げ塗りする必要があります。広く利用されるのがセメントモルタル塗りです。構造用コンクリートの表面に塗ることで、屋外なら耐候性を高め、屋内の地下であれば湿気を浸透させないバリアの役割を果たします。保護の必要性はさておいても、モルタル塗りは滑らかで見た目も美しい表面仕上げや、小石埋め込み塗りなどの装飾的なテクスチャーに仕立てる目的にも使われます。

特徴：モルタル（表面を滑らかにしたりテクスチャーを添えるために上塗りするセメント）はコンクリートと似た材料（砂・セメント・骨材）で作られますが、噴霧器やこてで塗布できるくらいゆるく、しかも垂直面に固着するような粘度を持つペースト状に調整されています。混和剤を混ぜることで耐霜製や耐水性を持たせることもできます。さらに魅力的な仕上がりにするための骨材や顔料も数多くあります。素地表面が多孔質または粗目でないとモルタルが接着しません。モルタルは衝撃による損傷に強く、耐風・耐火性がありますが、極端な高温にはダメージを受けます。

用途とメンテナンス：耐水性モルタルは屋内外を問わず塗ることができ、地下室や半地下のコンクリート壁に耐水性のあるシール層を形成するために用いられます。細かい砂と顔料を含むモルタルを外壁に塗れば、耐候性コーティングと装飾仕上げを兼ねます。滑らかで平らな表面に仕上げてペイントする、または骨材を加えてテクスチャーを持たせるなどの手もあります。この手の小石埋め込み塗り仕上げの場合、さらにペイントを塗り重ねてもよいですし、練ったモルタルの中に顔料やエキゾチックな骨材を加えれば、メンテナンス不要の装飾仕上げになります。適切な強度を持たせるため、モルタルは十分な厚さ（通常は1.25cm以上）に塗る必要があります。ひび割れができたらすぐに修理しないと、水分が浸透してモルタル片が剥落します。

安全性と環境性：モルタルは天然物が材料で無毒ですが、化学混和剤には毒性の危険があります。分解しませんが、細かく砕いて道路の底石や骨材にリサイクルできます。

入手先：建築資材取扱店・ホームセンターに原材料の在庫があります。

コスト：3　中程度。

仕様：セメント粉末として販売され、水や骨材と混ぜて使います。

WOOD • RUBBER, PLASTIC, RESIN & LINOLEUM • METAL • GLASS • FABRIC • PAPER • LEATHER • PAINT, VARNISH & LACQUER • STONE, CERAMICS & TILES • **CONCRETE & CEMENT** • PLASTER

たたき仕上げのセメントとコンクリート

コンクリートブロックは流し込み成型または押し出し成形されます。そのため個性に乏しい一様な表面になりますが、このブロックと成型コンクリートをもっと魅力的にする方法が数多くあります。サンドブラストすれば打ち放し素地から中の骨材を削り出すことができますし、成型コンクリートにセメント層を重ねて工具細工を施せば、成型時の型枠に使う堰板の跡を隠すことが可能です。

特徴：最上層にサンドブラスト加工するとコンクリート内部の部材が削り出され、割肌仕上げやたたき仕上げ風になります。新たにセメントを塗り重ねて仮おおいをし（乾燥を防ぐため）、ワイヤーブラシでこすっても同様の効果が得られます。表面を割肌またはたたき仕上げにした装飾的な外装ブロックは、ナチュラルなざら目の仕上がりです。この種のブロックにはよく顔料（濃いまたは淡い灰・クリーム・黄土・茶・黄褐色・赤褐色・灰色がかった青）が使われています。打ち放しの素地は道具で加工することで隠したり化粧仕上げにできます。この場合コンクリートにセメントモルタルを薄く塗り、テクスチャーを付けたり模様をスタンプしたりして自然石またはレンガ積み風に仕立てます。コンクリート仕上げは丈夫ですが、シールしないと汚れが付きやすくなります。

用途とメンテナンス：たたき仕上げのブロックは耐候性があり、通常は屋外用です。異なる色のブロック同士を組み合わせて使うこともできますし、石と合わせて重厚なテクスチャー感のあるカントリー風にする手もあります。骨材を露出させる方法は、形質の安定したやや不規則な小石埋め込み塗り風になるため滑りません。この手法は屋外で非常に映えます。特にスイミングプール周囲や通行量の多いエリアの舗床に最適ですが、油脂やこびりつくような汚れが付着しないようにします。工具細工は、カラーモルタルを新たに塗り、型紙を使って描き込んでもよいですし、既存のコンクリートに刻むこともできます。これによってパティオや庭の車道、小道の表情も変わります。たたき仕上げや工具細工仕上げはカントリー風で耐久性の高い表面にしたい屋内外の壁に向きます。

安全性と環境性：コンクリートは道路の底石や骨材にリサイクルできます。

入手先：建築資材取扱店・一部のホームセンターで手に入ります。模様を転写するための型紙も同様の店舗で購入できます。

コスト：3　中程度。

仕様：コンクリートブロックのサイズには約18種類の規格があります。一般的なサイズは400×200×100㎜です。コンクリートに混入できる自然石や砂利の骨材のサイズや形には、ほとんど制約がありません。

WOOD • RUBBER, PLASTIC, RESIN & LINOLEUM • METAL • GLASS • FABRIC • PAPER • LEATHER • PAINT, VARNISH & LACQUER • STONE, CERAMICS & TILES • **CONCRETE & CEMENT** • PLASTER

テラゾ

テラゾは石を基材にした集成材で、大理石・石英・花崗岩・ガラスなどの破片をセメントと樹脂、またはいずれかの素地に入れて固め、きらきらした輝きや味わいを出したものです。工場であらかじめ成形されたものと現場で小面積に分けて成形するものがあり、表面をむらなく滑らかに磨いて内部の種石を研ぎ出します。屋内外を問わず使え、通行量の多いエリアに適する丈夫でメンテナンスが楽な床になります。

特徴:種石のサイズと種類によって「スタンダード」「ベネチアン」「パラディアーナ」などのタイプがあります。またはテクスチャーによっても分類されます(ラスティックテラゾなど)。混和剤によって化学薬品・アルカリ・酸に強いグレードや、湿ったエリアに適している、またはごく薄く敷けるテラゾを作ることができます。乾燥してからひび割れるのを防ぐため伸縮目地材が必要です。これには真鍮・亜鉛・カラープラスチックなどが使われ、デザインとしてテラゾ内にうまく組み込む必要があります。テラゾはモールディングの縁(幅木の代替材としても使えます)や階段の段鼻に目を引く造作として手作業で施工することもできます。防水性はありませんが、滑り止めシーラントでシールできます。床材の中ではトップクラスの重さですし、有孔性なので油を吸収し、シールしないと変色します。

用途とメンテナンス:テラゾは堅固なコンクリート下地に重ねる必要があります。目地棒で分け、小面積(通常は1平方メートル以内)ずつ塗ります。実際に使う予定の種石とセメント色を注文したら、まずサンプルを作ってみます。テラゾはどんな床にも向きますし、壁に使えるケースもあります。念入りにシールすればキッチンカウンターやバックスプラッシュにも利用できます。バスルームの床やシャワールームの小物棚に敷く場合は下地に防水措置を加える必要があります。テラゾは階段・ベンチ・プランターなど多くの加工品に取り入れられています。クリーニングは多目的洗剤ではなく中性洗剤で。液体をこぼしたらすぐに拭き取ります。砂利などでひっかき傷が付くので頻繁にほうきで掃いてきれいに保ちます。

安全性と環境性:テラゾは安全で無害な素材で、本来廃棄されるはずの小さな石片を有効利用します。リサイクルはできません。

入手先:専門の大理石取扱店または床材取り扱い店で入手できます。

コスト:4　高い。

仕様:6〜25mmと様々な厚さに敷くことが可能です。幅木用など、部分的に厚く仕上げることもできます。

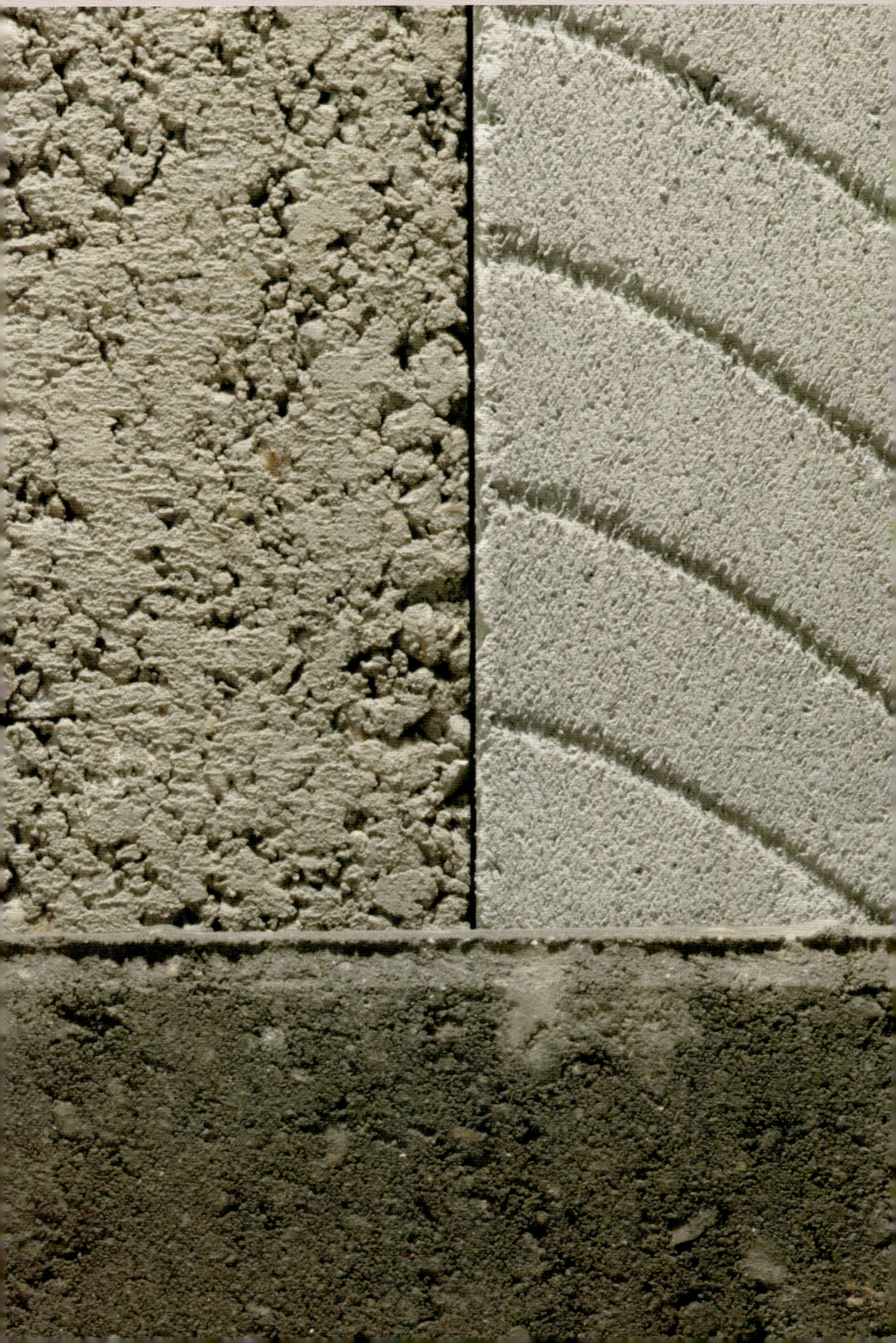

コンクリートブロック

コンクリートブロックは経済性に優れる使いやすい建材で、様々な形のものが製造されています。壁や間仕切りなど主に実用第一の構造に使われていますが、多くのサイズと形があるので、屋外はもちろん屋内でも装飾的に利用できます。ブロックはプラスターを塗ったりペイントすることもできますし、マット仕上げの透明なシーラントでシールし、本来のテクスチャーと色合いを見せる方法もあります。

特徴：ブロックはコンクリートを流し込みまたは押し出し成形した部材で、現在は様々に異なる特性を備えたブロックが開発されています。構造材用のコンクリートブロックは重く、著しい圧縮力にも耐えるように設計されています。どれも例外なく不燃性ですが、中にはさらに耐火性を向上させたものもあります。これは熱が伝わりにくく、より高い構造性能を備えています。断熱性の高いタイプや、音響を押さえる材料を採用したものもあります（この種のブロックは軽量のものが多く見られます）。中空ブロックは構造上湿気をシャットアウトする効果があり、ブロック越しに水分が伝わってくるのを最小限に押さえます。規格部材として種々の形とサイズがある上に寸法も正確にそろっており、直線的で角張った縁を持つため、非常に扱いやすい素材です。ほとんどの場合、防水シーラントでシールするか外側に練りコンクリートを塗る必要があります。

用途とメンテナンス：ブロックは屋内外を問わず使えます。耐候性を持たせるためにはシーリングが必要な場合がほとんどですが、大体は湿った環境でも本来の堅牢性や特色は損なわれません。もともとは仕切り壁や構造壁、目隠し壁用ですが、屋外用家具やバーベキュー炉の材料にもなります。庭の擁壁用に作られたブロックには土を詰める空洞が作られているので、小さなプランター代わりに使えます。広いコンクリート壁は落書きされやすいのですが、コンクリートブロックからペイントや汚れを除去する環境に優しいクリーニング剤が開発されています。

安全性と環境性：コンクリートブロックは安全で使いやすく、道路の底石や骨材にリサイクルできます。

入手先：建築資材取扱店に在庫があります。品数は限られますが、ホームセンターでも購入できます。

コスト：2　低い。

仕様：サイズには約18種類の規格があります。一般的なサイズは400×200×100㎜です。カーブしたブロックや角用、45度の傾斜がついたタイプのほか、下枠用・縁石用・溝形もあります。

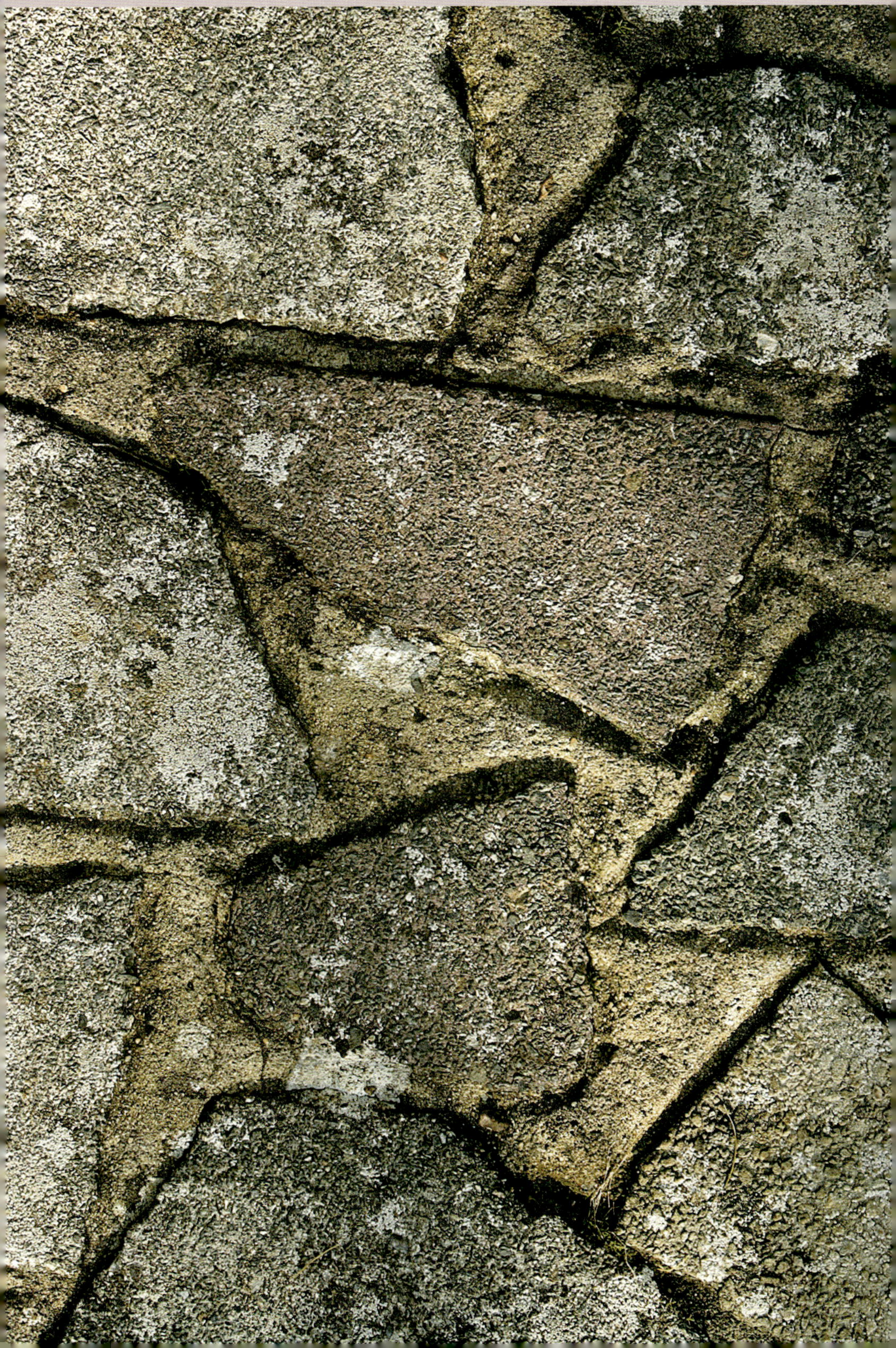

敷石舗装

敷石による舗装はエドワード王時代のテクニックで、自然そのままの不規則な形の石やスレートを舗装材に用います。敷石の配置パターンは、古いグレーズに見られるひび割れ模様に似ています。このテクニックは特殊な形に成形したコンクリート製の敷石や割った舗装材にも応用できます。質の高い仕上げには高レベルの技術が求められるため、敷石による舗装は形のそろった舗装材よりも費用がかかります。

特徴：乱形石材の敷き方は一様ではないので、固定する前にまず並べてみます。不ぞろいな形にプレキャストされた敷石は、この種の舗装専用に作られたものです。長方形の舗装用石板を割ったものも利用できますが、残った多数の直角部分を整形するか、デザインにうまく組み込む必要があります。プレキャストコンクリートの舗装材は通常色落ちしにくく、耐霜性もあります。メンテナンスが簡単で、適切な下地の上に敷けば過酷な使用にも耐えるので、通行量が多い所や車が通る所にも向きます。

用途とメンテナンス：床・パティオ・小道など標準的な舗装ができる場所ならどこにでも敷けます。プールの周囲は滑らないタイプのコンクリート製敷石を使います。形のそろった舗装用石板と異なり（こちらは砂地にも敷けます）、乱形敷石は最低でも5cmの厚さのコンクリートの上に敷く方がお勧めです。庭の車道の場合、高荷重に耐えるコンクリートの下地を最低でも厚さ10cmに敷きます。乱形敷石はランダムに並べることもできますし、規則的な形の対照的な舗装材やテラコッタタイルを模様として組み込み、幾何学的なデザインに仕上げてもよいでしょう。不規則な模様に敷くための費用は明確に決まっていません。ジグソーパズルのようにきっちり石を組み合わせ、広範囲に渡って不定形の目地にグラウトを注入する作業にかかる時間次第だからです。モルタル目地が最小限になるよう石を配置する技術が敷石舗装の要です。大きな目地は数年以内に壊れてきます。

安全性と環境性：コンクリート製の敷石は安全で使いやすく、道路の底石や骨材にリサイクルできます。

入手先：園芸用品店・建築資材取扱店・ホームセンター・リサイクル品販売業者で入手できます。

コスト：2　低い。

仕様：不定形の舗装石材は天然石やスレートのほか、プレキャストコンクリート石板があります。厚さは25〜75㎜。

WOOD • RUBBER, PLASTIC, RESIN & LINOLEUM • METAL • GLASS • FABRIC • PAPER • LEATHER • PAINT, VARNISH & LACQUER • STONE, CERAMICS & TILES • **CONCRETE & CEMENT** • PLASTER

コンクリートと麦わら

麦わらを建材にするのは古代の技法ですが、最近、持続可能でエコロジカルな建築技術に興味を持つ人々によって再現・利用されています。積み重ねた麦わらの梱が持つ圧縮された構造と断熱性に、コンクリート塗りによる耐候性と耐火性が加わり、十分実用に耐える建築技術が生まれました。麦わらの分解速度は極めて遅く、乾燥状態を保てば劣化しません。

特徴：コンクリートと麦わらを建材にした建物の場合、下層に十二分な断熱処理を施したコンクリート層を基礎に据えるのが普通です。この上に、スチールや竹の支柱、または木柱と梁で補強しつつ、レンガ積みのように麦わらの梱をかみ合わせた耐力壁を積み上げます。麦わらの梱を金網で包めばセメント塗りの付きをよくする下地になります。通常麦わらは非常に燃えやすいのですが、構造材や断熱材用として高密度に圧縮されると酸素が入りにくくなって可燃性が低下し、木材より燃焼速度が遅くなることもあります（ただし極端な高温では燃えます）。一番の問題はカビで、麦わらが湿るとカビがついて劣化します。

用途とメンテナンス：麦わらとコンクリートを使う工法は、1階建ての一般住宅を実験的に建てる際に使われる場合がほとんどです。しかし、現在この技術は裾野が広がるとともに洗練を重ねています。特に、ハイテク素材が入手できない、またはコスト面から利用できない地域では利用度が高まっています。低コストで断熱・防音性の高い家ができるばかりでなく、環境に高負荷を与えずに生産される原料を有効利用できる工法でもあります。麦わらは食品産業から出る天然材の副産物であり、分解しにくいので堆肥にできず、余剰分がある素材です。コンクリートと麦わらを用いる家は、適切な知識さえ身につければ、たとえ技術が未熟でも手工具によって建てることができます。メンテナンスはコンクリート塗りの質によって違ってきます。高度な技術を持つ専門家に依頼した場合、イニシャルコストは高くつきますが長持ちしますし維持も楽です。

安全性と環境性：完全に安全で環境的にも維持可能な素材です。ただし地元で麦わらの梱が入手できない場合は輸送しなければならず、環境的な効率が下がります。また輸送中に湿気によるダメージを受ける恐れもあります。

入手先：麦わらの梱は近くの村落共同体で入手します。建材として利用できるサイズと密度に仕上げられているものを使う必要があります。

コスト：2　低い。

仕様：通常サイズ：350×750×1000mmまたは400×600×1,200mm。千鳥模様を作るには半分サイズの梱が必要です。

WOOD • RUBBER, PLASTIC, RESIN & LINOLEUM • METAL • GLASS • FABRIC • PAPER • LEATHER • PAINT, VARNISH & LACQUER • STONE, CERAMICS & TILES • **CONCRETE & CEMENT** • PLASTER

セメントモルタルと切り込み

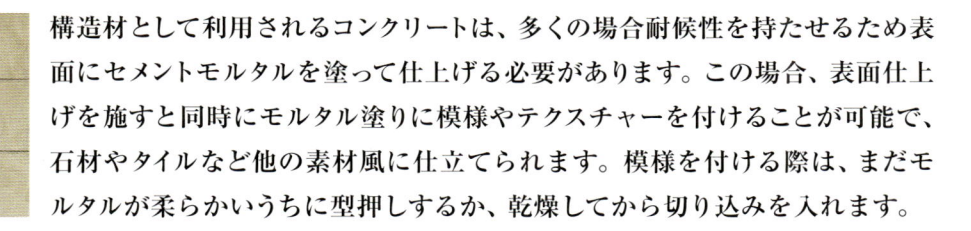

構造材として利用されるコンクリートは、多くの場合耐候性を持たせるため表面にセメントモルタルを塗って仕上げる必要があります。この場合、表面仕上げを施すと同時にモルタル塗りに模様やテクスチャーを付けることが可能で、石材やタイルなど他の素材風に仕立てられます。模様を付ける際は、まだモルタルが柔らかいうちに型押しするか、乾燥してから切り込みを入れます。

特徴：モルタルは型押しや切り込み、ノコ引きなどによって異なるテクスチャーを持たせることができます。このモルタルは手作業で塗れるくらいゆるく、しかも垂直面に固着するような粘度を持つペースト状に調整されています。また下地の表面が多孔質または粗目でないと固着しません。混和剤を加えることで耐霜製や耐水性を持たせることもできます。モルタルは衝撃による損傷に強く、耐風・耐火性がありますが、極端な高温にはダメージを受けます。

用途とメンテナンス：屋外用モルタルは耐候性コーティングと装飾仕上げを兼ねます。平らなままにしてペイントしてもよいですし、テクスチャー仕上げ（参照→p.223）にすることもできます。模様を型押しする手もあります。モルタル用の型板や型紙もあり、丸石・タイル・切石・ラフな形の天然石風など、様々な美しい模様を型押しできます。モルタルは適切な強度を持たせるため、十分な厚さ（通常は1.25cm以上）に塗る必要があります。ひび割れができたらすぐに修理しないと、水分が浸透してモルタル片が剥落します。モルタルが柔らかいうちに模様を付ける手法のほかにも、硬化したコンクリート表面に電動工具で溝を切り込み、レンガや石板舗装風の模様を作ることもできます。対照的なモルタルで切り込みを埋めて目地仕上げを模すことも可能です。

安全性と環境性：コンクリートは天然物が材料で、アスベストなどの有害な素材が混入されていない限り毒性はありません。ただし化学的な混和剤が使われている場合もあります。コンクリートをノコ引きすると粉塵が出ます。これを吸い込むと身体に不可逆的なダメージを受ける場合があります。近くにいる人は全員防護マスクを付けなければいけません。

入手先：建築資材取扱店・ホームセンターに原材料と模様を型押しする型板・型紙の在庫があります。

コスト：3　中程度。

仕様：セメント粉末として販売され、水や骨材と混ぜて使います。

プラスター・複合プラスター材

　9,000年前に壁のモルタル塗りとして使われたプラスターの残りがアナトリアとシリアで発見されています。プラスターの主原料である石膏は、歴史上の大文明でも重要な原材料として多用されました。古代エジプトでは焼成して砕いた石膏をセメントモルタルと混ぜてピラミッド建築に利用しました。古代ギリシャでは石膏プラスターで滑らかな壁板を作り、その上にフレスコ画を描きました。古代ローマ人は石膏で古いギリシャの大理石像の複製品を作りました。石膏は様々な使い方ができ、彫刻の材料として型に流し込む、型取りをする、削るなどの加工が可能です。デスマスクはビクトリア時代に盛んに作られましたが、このデスマスクの型取りにも利用されました。足跡などの痕跡を保存するため犯罪捜査にも使われます。

　石膏は北ヨーロッパと北米全体に分布する堆積岩です。パリの端にあるモンマルトルには大きな鉱床があり、フランス王はロンドン大火の後にその石膏を大量に採掘するよう命じました。首都パリの木造住宅や木造建築にプラスターを塗って万が一の際の延焼を食い止めるためです。モンマルトルで石膏が大量に取れたため、パリのプラスターはモンマルトルと呼ばれるようになり、さらに石膏が広く建築に使われたパリやオンタリオと石膏は同義語になりました。

　英国王ヘンリー八世は新たに建てた豪奢な宮殿の装飾に石膏を好んで使い、フランスから大量の石膏を輸入しました。在位中の16世紀には、壁のプラスター塗り

は単に耐候性を持たせる実用上の目的からさらに発展して、ペイントやファブリックでハイレベルな装飾を施すための滑らかな表面作りに利用されるようになりました。石膏は細かいディテールを複製できるため、多くの装飾技法でよく使われています。特に壁面と天井にテクスチャーを付ける装飾に多用され、次第に装飾ディテールを施す材料として木彫りに取って代わりました。

　かのチューダー王家は複雑な格子細工と様式化された花を好みましたが、その後古典主義的なジョージア様式から奔放なまでに華麗なロココ様式まで、流行は様々に変わりました。それでも機会がある限り天井やクラウンモールディング、フリーズには装飾的なプラスター細工が施されて人々の目を引き、その流れは20世紀まで続きます。現在は壁や天井にプラスターを滑らかに塗り、こざっぱりした表情をそのまま生かしたり、ペイントや壁紙で装飾する下地とするのが主な用途です。

　壁に直接プラスターを塗る技法に代わり、次第に乾式壁体と呼ばれる石膏ボードを使う例が増えています。石膏ボードは平らな内装下地として用いられ、カットも容易で、複雑な形に仕立てることができます。伝統的なプラスター塗りは「呼吸」し、建物が安定する過程で起こる構造材のわずかな伸縮に合わせて変形します。現在プラスター塗りは、修復工事や、昔ながらのプラスター塗り技法を保存するために新築される家屋に使われる専門的技術と見なされる傾向にあります。

WOOD • RUBBER, PLASTIC, RESIN & LINOLEUM • METAL • GLASS • FABRIC • PAPER • LEATHER • PAINT, VARNISH & LACQUER • STONE, CERAMICS & TILES • CONCRETE & CEMENT • **PLASTER**

乾式壁用石膏ボード

石膏ボードは、プラスター壁の安価な代用品として1970年代から利用されるようになりました。これは硬めた石膏を芯にして2枚の板紙で挟んだもので、滑らかな表面が得られ、その上に装飾仕上げを施すことができます。石膏ボードは現場で素早く簡単に周囲を汚すこともなく施工できる、しかも壁と天井いずれにも向く形質の安定した表面材です。

特徴：石膏ボード規格には断熱・防音・耐衝撃・防湿などがあります。湿った環境では壊れるので、湿度の高いエリアでは代わりにセメントボード（メッシュの間にセメントを挟んだもの）を使います。乾式壁体は耐火性を高める効果があります。1.25cm厚のボードは30分間火に耐えます（2層なら60分間）。石膏ボードの側面は表と裏で仕上がりがやや異なります。灰色の方はプラスター塗り用で、白い方はペイントまたは壁紙用です。また石膏ボードは接合部を隠すためにプラスターを上塗りする必要があります。ただテーパーボードは別で、これは縁の面取りによってできるへこみにジョイントコンパウンド（目地処理材）を詰めるようになっています。

用途とメンテナンス：石膏ボードはプラスター塗りの代わりになる安価で施工の簡単な素材として、またはプラスター塗りが適さないエリアに使われます。主に設置されるのは天井や間仕切り壁で、小舞やEML（エキスパンデッドメタルラス）ではなく間柱に固定されます。ボードは専用のネジか釘を使い、周囲を一定の間隔で木柱に留め付けます（小面積の場合は接着剤を使うこともあります）。ボードはカッターナイフでカットできます。まず表面紙にナイフを当てて切り込みを入れ、ボードを折り、反対側の紙を切ります。継ぎ目や留め具はジョイントテープとジョイントコンパウンドでカバーし、これが乾燥してからサンディングをします。仕上げ塗りをする場合はジョイントテープか専用のメッシュテープを貼ります。

安全性と環境性：石膏の粉塵が飛散して目や気管に入ると危険なので、適切な防護用装具を付けます。石膏ボードは濡れると生分解します。

入手先：建築資材取扱店・ホームセンターで入手できます。

コスト：2　低い（防音・断熱材で裏打ちされていると高くなります）。

仕様：シート：1,220×2,440㎜、厚さ9・12.5・18㎜。
断熱・防音ボード：厚さ25～80㎜。

WOOD • RUBBER, PLASTIC, RESIN & LINOLEUM • METAL • GLASS • FABRIC • PAPER • LEATHER • PAINT, VARNISH & LACQUER • STONE, CERAMICS & TILES • CONCRETE & CEMENT • **PLASTER**

泥壁と粘土・牛肥

昔から建物の内外には土を基材にした製品が数多く使われてきました。泥や粘土に牛糞と麦わらを混ぜたものは壁塗り材になり、泥壁打ちの家屋を作る材料として用いられました。これを手作業でレンガ状にしたものはアドービ（日干しレンガ）と呼ばれます。現代でこれに当たるのが石膏プラスターやセメントコンクリートですが、環境に優しい代替品として本来の天然製品も復活しつつあります。

特徴：新鮮な牛肥を水と混ぜるとペースト状になり、プラスターに似た下塗り材として使えます。乾くと非常に硬くなり、風雨にも耐え、アフリカとインドの諸地域で用いられています。牛肥は「チンキング」にも加えられます。チンキングは北米のログキャビンやログハウスに使われる石膏または粘土をベースにした充填材で、丸太と丸太の間に詰めます。芝土を重ねる・盛り上げて土手にする・掘り下げる、どの方法でも土は効果的に音と熱を遮断します。昔の建物は半地下に建てられていましたが、この形式も環境的に持続可能な建築物の工法として復活しつつあります。天然の壁塗り材や仕上げ材は、粘土・砂に麦わらやこれに類した繊維（繊維で強化し、収縮しにくくするため）を材料に、結合材として亜麻仁油・血・牛肥や厩肥・糊料や石灰などを加えて作ります。これは通気性を備え、無害で再生可能な壁材となります。耐久性には欠けるため、頻繁なメンテナンスが必要です。

用途とメンテナンス：地元で調達できるハンドメイドの素材への関心が高まり、天然の壁塗り材や仕上げ材が見直されています。特に最近作られるようになった麦わらの梱を建材にした建物（参照→p.223）に適しています。天然の壁塗り材は通気性を妨げませんし、思想も共通するものがあるからです。この種の伝統的素材や技術の多くは昔の建築の保存のために利用されますが、環境に配慮した建築物が作られるようになり、土を基材にした製品とローテク製品が再興しつつあることから注目を集めています。

安全性と環境性：動物に由来する、未処理の副産物を扱う際は注意が必要です。乾燥した後はどの製品も無害で、全く環境を損ないません。

入手先：地元の農場や田畑、粘土採掘場から入手できます。

コスト：2　低い。

仕様：世界中に様々な作り方があり、その土地の原料・必要条件・気候風土によってそれぞれ異なります。

WOOD • RUBBER, PLASTIC, RESIN & LINOLEUM • METAL • GLASS • FABRIC • PAPER • LEATHER • PAINT, VARNISH & LACQUER • STONE, CERAMICS & TILES • CONCRETE & CEMENT • **PLASTER**

ベネチアンプラスター

ベネチアンプラスターは原料の粉末石膏（硫酸カルシウム）を熱加工し、水と混ぜて滑らかなペースト状にした天然製品です。型枠成型や型取りにも使えますし、ペーストを塗り広げることもできます。形を作り、乾燥硬化してから彫ることも可能です。壁や天井を被覆し、ペイントや壁紙による装飾的な仕上げの下地を作るのが主な用途です。

特徴：ベネチアンプラスターの水素結合は非常に弱いので、強靭な素材ではありません。加熱しなくても養生・硬化し、乾燥過程でわずかに膨張し、再び収縮します。一度硬化すれば安定して縮まないので安心して使える滑らかな表面材になります。あまり早く乾くと小さな亀裂が入ります。シールする際は完全に乾いてからにしないと、残った水分が構造材にしみ込みます。ベネチアンプラスターは通常白色・灰色・淡いピンク色で、表面は火が広がりにくくなっています。特殊な混和剤を加えれば耐湿性や硬度を向上させたり、テクスチャー仕上げを施す仕上げ塗りの付き・盛り上げをよくすることができます。

用途とメンテナンス：ベネチアンプラスターはレンガ・石・コンクリートや木舞・EML（エキスパンデッドメタルラス）など、ほとんどの固体の表面に塗ることができます。石膏ボード（参照→p.239）の上塗りに使うことも可能です。下地が平滑でない場合は、まず下塗りをし、それから滑らかに仕上げ塗りをします。プラスターの仕上がり厚さは約1.5cmになります。乾燥したら変色を防ぐためにシールします。普通はペイントを使いますが、代わりにワックス・亜麻仁油・ニスを利用することもできます。ベネチアンプラスターに顔料・骨材・細かく砕いた大理石・ガラス粉末（光がかすかに反射します）を混ぜることもあります。滑らかに塗ってもよいですし、ローラーやこてでテクスチャー塗りにする方法もあります。比較的柔らかいので硬化後はサンドペーパーで磨けます。

安全性と環境性：プラスターの粉塵が飛散して目や気管に入ると危険なので、適切な防護用装具を付けます。ベネチアンプラスターは砕いて道路の底石にリサイクルできます。

入手先：建築資材取扱店・ホームセンターで入手できます。

コスト：2　低い。

仕様：袋詰め：7.5・10・25kg。混合済み缶入り：7.5・10kg。

WOOD • RUBBER, PLASTIC, RESIN & LINOLEUM • METAL • GLASS • FABRIC • PAPER • LEATHER • PAINT, VARNISH & LACQUER • STONE, CERAMICS & TILES • CONCRETE & CEMENT • **PLASTER**

石膏成型品

非常に滑らかなペースト状に調整した石膏は型に入れて成型することができ、シンプルな形はもちろん、複雑な形を作ることが可能です。熱や化学薬品を加えなくても硬化するため、場所を問わずオリジナルの造形が可能です。石膏は粒子が細かい素材で、手形や足形・羽・葉・装飾彫刻などデリケートまたは複雑なテクスチャーを複製するのにぴったりですが、壊れやすいので、テクスチャーを加えた浅いレリーフに成型するのがベストでしょう。

特徴：焼石膏は使いやすくて速やかに固まる汎用性のある素材で、仕上がった状態の硬さが重要視されない場合に用いられます。耐久性が求められる際は、代わりに極めて硬い超硬（質）石膏を用います。石膏は乾燥硬化する際に膨張してから収縮するので、型からうまく外れます。焼石膏と超硬石膏はいずれも耐水性はありませんが、適切なポリマーを混ぜれば極めて高い耐水性や耐降雨性が得られるため屋外での使用も可能になります。テクスチャーや外観も、無機顔料や水性絵の具・無機質充填剤・砂・骨材・大理石粉末・ガラスなどを混ぜ込むことで変化を持たせられますが、これらの添加物とともに強化用ポリマーを加えるほうがよいでしょう。未シールの石膏は多孔質で、飛散した油脂やほこりで変色します。また石膏は燃えません。

用途とメンテナンス：石膏成型の手順はシンプルで、高度な道具も不要です。成型してタイル・テーブルトップ・額縁・装飾的表面材・壁装材などが作れます。型取りするものには、ワセリンなどの剥離剤を塗っておきます。焼石膏は水と混ぜ、型に流し込むのに適した緩いペースト状にします。よくかき混ぜたペーストをゆっくりと注ぎ込んだら、気泡を抜くため型枠を軽くたたいたり揺すったりします。硬化したら、さらにサンドペーパーやワイヤブラシで加工できます。石膏は非常に汚れやすいのでワックス・亜麻仁油・ニスでシールします。

安全性と環境性：石膏の粉塵が飛散して目や気管に入ると危険なので、適切な防護用装具を付けます。

入手先：専門の手工芸用品店・石膏取扱店や、建築資材取扱店・ホームセンターで入手できます。

コスト：2　低い。

仕様：袋詰め：5・25・35kg。石膏用ポリマー：1・5・25kg。

WOOD • RUBBER, PLASTIC, RESIN & LINOLEUM • METAL • GLASS • FABRIC • PAPER • LEATHER • PAINT, VARNISH & LACQUER • STONE, CERAMICS & TILES • CONCRETE & CEMENT • **PLASTER**

メダリオンとクラウンモールディング

かつて、石膏モールド（鋳造）には浅い、または深い浮き彫り細工が施され、これに加えてトレリス構造の天井から凝った飾りの垂れ飾りが下げられていることもありました。さらに天井パネルとクラウンモールディングからフリーズ・壁板・腰長押に至るまで、室内のありとあらゆる表面を、装飾的な幾何学的または植物を模したモールドの模様が飾っていました。現在モールドははるかに控えめな形で使われるか、飾るにしてもわざと昔風に仕立ててあるのが普通です。

特徴：現在の石膏成型による建築的造作は手作業で作られ、材料には目の細かい石膏が使われます（デティールの仕上がりに高い精度が得られるため）。通常はこれにプライマー仕上げが施されてペイントできるようになっています。石膏はさほど硬くないので衝撃を与えると損傷する恐れがありますが、可燃性はありません。未シールの石膏は多孔質で、飛散した油脂やほこりで変色します。最近は石膏モールドをポリウレタンで模造したものも増えています。天井板や壁板に使えるモールドは種類が限られ、ニッチ・カルトゥーシュ（渦形装飾）・ピラスター（浮き彫り状の柱形）・ドアや暖炉の囲い・腰長押・模造ブラケットなどがあります。様々な様式で利用できる製品は少なくなっていますが、コーニスは今も広く使われる装飾の1つです。

用途とメンテナンス：石膏モールドは修復作業にも使われますし、新たに設置される例もあります。様式的モールドは、通常昔のヨーロッパ風のジョージア様式・ビクトリア様式・エドワード様式がベースになっています。クラウンモールディングは一番種類が多く、広く手に入り、シンプルな四半円形のものから、長方形の歯飾り・クラシックな卵鏃（らんぞく）模様・アカンサス模様など様式的な形まで種類も数多くあります。現在、石膏モールドは既存の構造に合わせる、空いている部分を埋める、または新しい部屋に取り付けるなど、条件に合わせた寸法での製作が可能です。既存のモールドの場合、何層にもペイントを重ねると細部が埋まってデティールが不鮮明になります。費用はかかりますが時々ペイントをはがしてから改めて装飾し直すほうがよいでしょう。

安全性と環境性：石膏の粉塵が飛散して目や気管に入ると危険なので、適切な防護用装具を付けます。石膏は砕いて道路の底石にリサイクルできます。

入手先：専門の石膏モールド取扱店・インテリアデザイン用品店・建築資材取扱店・ホームセンターで入手できます。

コスト：4　高い。

仕様：天井用のメダリオン（円形浮き彫り）の模様は約8パターン：直径350〜1,075㎜。
クラウンモールディングの模様は約8パターン：通常は厚さ65㎜・96㎜、長さ2,440㎜。

問い合わせ先

木材
Wood Flooring International
Phone: 856-764-2501
E-mail: wfi@wflooring.com
www.wflooring.com

Pergo
Phone: 1-800-33-PERGO/1-800-337-3746
www.pergo.com/Pergo/US_Home
化粧床材

Sylvan Brandt
Phone: 717-626-4520
E-mail: dean@sylvanbrandt.com
www.sylvanbrandt.com
アンティークの木床材と再生建築資材

Carlisle Wide Plank Floors
Phone: 1-800-595-9663
E-mail: info@wideplankflooring.com
www.wideplankflooring.com
新しい、またはアンティークの広幅床板材

Natural Cork Inc.
Phone: 1-800-404-2675
www.naturalcork.com

ゴム・プラスチック・樹脂・リノリウム
Polymeric Systems Inc.
Phone: 1-800-228-5548
E-mail: info@polymericsystems.com
www.polymericsystems.com
木材・石細工の修復と金属修理用のエポキシ材

R.C.A. Rubber
Phone: 330-784-1291 or 1-800-321-2340
E-mail: info@rcarubber.com
www.rcarubber.com
シートゴム床材

Armstrong Floors
Phone: 1-800-233-3823
www.armstrong.com/resna/res_floors.jsp
ビニールとリノリウムの床材(硬材とセラミックも取り扱い有)

金属
Hygrade Polishing and Plating Co.
Phone: 718-392-4082
E-mail: info@hygradeplating.com
www.hygradeplating.com
金属メッキと表面再仕上げ

W. H. Coe Inc.
Phone: 860-524-8811
E-mail: whcoe@snet.net
www.whcoe.com
金箔と金箔仕上げ用備品

Sepp Leaf Products Inc.
Phone: 212-683-2840
E-mail: sales@seppleaf.com
www.seppleaf.com
金箔とその他の装飾仕上げ材

Foundry Art Fine Bronze
Phone: 773-784-2628
E-mail: foundryart@lowitzandcompany.com
www.lowitzandcompany.com/foundryart

Steptoe & Wife Antiques Ltd.
Phone: 1-800-461-0060 or 416-780-1707
E-mail: info@steptoewife.com
www.steptoewife.com
ビクトリア様式の鋳鉄製階段と金属細工

ガラス
Bendheim
Phone: 212-226-6370
www.bendheim.com
特殊なガラスの輸入・小売り

Glass Block U.S.A.
www.glassblockusa.com
A family of glass block companies serving residential,
住宅・商業施設・工業用のガラスブロックを取り扱う
企業グループ

ファブリック
Beacon Fabric & Notions
Phone: 1-800-713-8157 or 727-347-5663
E-mail: sales@beaconfabric.com
www.beaconfabric.com

Fabrics-Store.com
Phone: 1-888-LINEN54 (546-3654) or 323-465-9050
www.fabrics-store.com

Fabulous-Furs
Phone: 1-800-848-4650
www.fabulousfurs.com
フェイクファー

Carpet One
www.carpetone.com
様々なカーペットと、ビニール材・硬材・積層材の床材。

interior Materials & Surfaces: The Complete Guide

Unique Carpets Ltd.
Phone: 909-352-8125
E-mail: info@uniquecarpetsltd.com
www.uniquecarpetsltd.com

紙
Brewster Wallcovering Company
Phone: 1-800-366-1700
www.brewsterwallcovering.com
壁装材とファブリック

Blonder Wallcoverings
Phone: 1-800-321-4070
E-mail: Blonderwall@blonderhome.com
www.blonderwall.com

Bradbury & Bradbury Art Wallpapers
Phone: 707-746-1900
E-mail: info@bradbury.com
www.bradbury.com
ビクトリア古典主義様式の新しい壁紙と
アーツアンドクラフツ風の壁紙

Twinrocker Handmade Paper
Phone: 1-800-757-TWIN (8946) or 765-563-3119
E-mail: twinrocker@twinrocker.com
www.twinrocker.com

皮革
Edelman Leather
Phone: 860-350-9600 or 1-800-886-TEDY
www.edelmanleather.com

ペイント・ニス・ラッカー
Benjamin Moore Paints
米国
E-mail: info@benjaminmoore.com
www.benjaminmoore.com
カナダ
Phone: 1-800-361-5898
www.benjaminmoore.ca
住宅用ペイントと工業用被覆剤

The Old Fashioned Milk Paint Co.
Phone: 978-448-6336
E-mail: anne@milkpaint.com
www.milkpaint.com
安全な成分の伝統的ペイント16色

Old Village Paints
Phone: 1-800-498-7687
E-mail: info@old-village.com
www.old-village.com

問い合わせ先

石・セラミック・タイル
Bedrosians
E-mail: bedrosians@aol.com
www.bedrosians.com

Dakota Granite
Phone: 1-800-843-3333
www.dakgran.com
花崗岩タイルと花崗岩製品のカスタムメイド

Century Tile
www.century-tile.com
様々なタイルと、ビニール材・硬材・カーペット・積層材の床材。

Talisman Handmade Tiles
Phone: 773-784-2628
E-mail: talisman@lowitzandcompany.com
www.lowitzandcompany.com/talisman

Terrapin Tile
Phone: 989-821-3320
E-mail: leslie@terrapintile.com
www.terrapintile.com

Limestone Concept Inc.
Phone: 310-278-9829
E-mail: stoneconcept@earthlink.net
www.limestoneconcept.com
石灰岩とテラコッタの輸入材

コンクリート・セメント
Stepstone Inc.
Phone: 1-800-572-9029
www.stepstoneinc.com
プレキャストコンクリート製品

Tile Tech
Phone: 323-733-6187
E-mail: sales@paversetc.com
www.tiletechusa.com
ヨーロッパ風のプレキャストコンクリート舗装材の専門店

石膏製品
Fischer & Jirouch Co.
Phone: 216-361-3840
www.fischerandjirouch.com
手作りの石膏成型品

Felber Ornamental Plastering Corp.
Phone: 1-800-392-6896 or 610-275-4713
E-mail: jk@felber.net
www.felber.net
装飾的石膏製品のメーカー

用語集

あ

アカンサス（acanthus）　地中海沿岸に原生するハアザミの一種の葉をもとにした装飾模様。エジプトおよびコリント様式の柱の柱頭部を飾る石膏モールドの装飾に使われる。

浅浮彫り、バスレリーフ（bas relief）　パルテノン宮殿のペディメントやその他の古代建築物に見られる浮彫りの彫刻模様。

圧力注入処理（pressure-treated）　防腐などのために木材に施す加圧薬品処理。耐水性が増すとともに、それとわかる緑がかった色がつくことが多い。

アドービレンガ（adobe）　天日で乾かして作る未焼成のレンガで、住宅建設に用いられる。

アナグリプタ壁紙（anaglypta）　花や葉、幾何学形またはランダムな形を浮き出し模様にした壁紙。

アニリン染料（aniline dye）　天然顔料を使わない合成染料。

一体成形カウンタートップ（postformed）　あらかじめ作られたはねよけ板や丸面がついていること。

漆塗り風仕上げ（japanned）　東洋の漆塗りを模したペイント＆ニス仕上げ。鉄製品に施したマットな黒色エナメル仕上げも指す。

エキスパンデッドメタルラス（EML）　金属シートに規則正しく小さい切れ目を入れて引き延ばし、各切れ目を拡張させてメッシュ状にしたもの。間柱の上に張って粗目の下地にし、塗りプラスターの付きをよくする。

エッグシェル、半つや消し（eggshell）　ペイントやニスの光沢の少ない表面仕上がりのことで、マットとグロスの中間。

エンコースティックタイル（encaustic tiles）　低グロスの陶製タイルで、カラークレイによって複雑な幾何学模様がはめ込まれている。

エンコースティックペイント（encausitic paint）　古代ギリシャで開発された、溶けた熱い蜜ロウを基材にしたペイント。現在は蜜ロウ、顔料、樹脂で作られている。

延焼性（surface fire spread）　ある物体が火の広がりを促進する程度。

扇形窓（fanlight）　ドア上の窓で、扇形に開いた形の組子（桟）を備えた半円形のものが多い。

織端、耳（selvage）　ほつれや伸びを防ぐためにファブリックの左右の縁を密に織り上げる仕上げ。

か

化合物（compound）　2つ以上の元素を化合させた物質。

笠石、笠木（coping）　風雨によるダメージから壁の頂部を守るためのキャッピングまたはカバーで、傾斜がついている。

火成岩（igneous）　火山の溶岩や地殻の奥深くのマグマが固まってできた岩石。

カゼインカルシウム（calcium caseinate）　スキムミルクから抽出されるカード（凝乳）状の物質。ミルクペイントの製造に使われる。

紙の耳（deckled）　手漉きの紙の、裂けた不規則な縁または繊維がほつれたような縁。

枯らし、ならし（seasoned）　目的に適する程度まで乾燥させること。

カルトゥーシュ（cartouche）　ドアやコーナー部の上方に取り付けられる円形または楕円形の飾り装飾。モールドが密に施されている。元来は紋章を示すためのもの。

カロー・ド・オクタゴン（carreaux d'octagone）　床タイル敷きに用いられるパターン。正方形タイルの四隅を切り落として不規則な八角形にし、その接合部にコントラストをなす正方形の小さいタイルを埋める。

乾式壁（studwork）　間柱を立て、その両側を乾式工法で仕上げた屋内の仕切壁。

乾式工法（drywall）　既製の石膏ボードを用いる工法で、滑らかな壁面を得られる。従来の直接プラスターを塗る湿式工法に変わる技法。

ガラススラグ（glass slag）　非金属のシリカ（砂）が基本成分の物質で、焼成過程で生じる。焼成をコントロールするのに役立つ。

含鉄（ferrous）　鉄を含むの意。

機械加工、切削（machined）　ルーター（溝かんな）や特定の形の切削刃を使うスピンドル旋盤などの機械を通して特定の形状（プロファイル）にすること。突き出した「さね」とへこんだ「溝」を持つ、さねはぎ加工板はその一例。

金付け（gilding）　金箔でコーティングする方法。

クエルダセカ（cuerda seca）　ムーア式またはスペインの伝統的なタイルに見られる複雑な幾何学的模様や花模様を模したデザイン。

クラウンモールディング、回り縁（crown molding）　天井と壁の接合部に水平に取り付ける装飾的なモールディング。

クラクリュール（craquelure）　古い名画に見られる特

用語集

有の細かな亀裂。

クラック模様(cracked)　ランダムにひびが入るクラックルグレーズを模した不規則な模様。

クラップボード(clapboard)　「下見板」を参照。

グログラン(grosgrain)　横に模様が出るよう畝織りにした滑らかな生地のリボン。

毛玉(pilling)　ニット地の表面にできる、取れた繊維が集まって丸くなった小さな玉。

結晶質(crystalline)　結晶構造を備えていること。

毛羽(nap)　ベルベットやファーなど、テキスタイル表面に出ている短い繊維。

コーブ(coving)　横断面が四半円形にくぼんだ、プレーンなクラウンモールディング。

こけら板(single)　木やアスファルトのタイルで、屋根葺きや外壁の壁装材に用いられる。

(壁面の)腰(wainscot)　壁面下部、腰長押と幅木の間の部分で、羽目板を張られたり装飾的な壁紙でカバーされることが多い。

腰長押(chair rail)　室内の壁面に取り付けられた水平のモールディング。元々は椅子の背によって傷が付くのを防ぐ目的で使われた。

骨材(aggregate)　通常は砂利や砂。化学的に不活性な密度の高い物質で、コンクリートのかさを増すために混入される。

小舞、ラス(lath)　小幅の荒板で、横に渡してプラスターを塗るための下地にする。木製の小舞は、大部分がエキスパンデッドメタルラス(EML)に置き換えられている。

コリント式(Corinthian)　古代ギリシャとローマの建築様式。アカンサス模様が特徴。

合金(alloy)　ある金属の性質を変えるため複数の金属を合わせたもの。

さ

さねはぎ継ぎ板(tongue and groove)　片方の縁に溝を切り、反対側に突出した「さね」をつけた加工木板。溝にさねをはめ込んでつなぐ。

酸腐食(acid-bitten)　フッ化水素酸にさらしたガラスの表面が腐食する作用。

シアー(sheer)　極薄手の(透明のこともある)ファブリックや素材。

敷石(pavers)　石板を切削またはコンクリートを型にとって一定の大きさにそろえた舗装材。

下地(substrate)　装飾的または耐久性のある表面材を取り付けるための、外観より機能を重んじた素地。

下見板(weatherboarding)　木材の軸組の上に、部分的に重なり合うようにして取り付ける外装材。クラップボード、あいじゃくり板とも言われる。

下枠(sill)　窓基部の横材。

親水性(hydrophilic)　水分を引き寄せやすく吸収しやすいこと。

ジャカード織り地(jacquard)　部分的に織りを密にしたり繊維に光沢を持たせることで、色を変えることなくオーガニックな模様またはペイズリー模様を浮かび上がらせたファブリック。

スカイビング(skiving)　皮革の縁を仕上げる技術で、厚みが出るのを防ぐ。

スクリム(scrim)　粗織りの綿製ネットで、焼石膏の強度を増すために使われる。

ストック(stock)　紙の原料となるはぎれや紙。

スラブ(slubbed)　周期的によりのかかっていない太い部分ができるように紡いだ糸。リネンや玉繭の糸を使ったシルクのように、織ると所々が厚くなる。

石油化学製品(petrochemical)　石油から得られた化学物質。

石膏(gypsum)　地中にまとまった鉱床として見いだされる硫酸カルシウム。プラスターの製造に用いられる。

セメントボード(cement board)　セメントを材料に作られるボードで、様々な種類がある。リサイクルされたセメント(最大50%)が利用されることが多く、本来木材で作られる製品の代替品として製造される。特殊な用途に向く、防音・耐候・防鼠・耐汚損性を備えた特製品もある。

素地、グラウンド(ground)　装飾仕上げを施すためのベース。

ソフィット(soffit)　梁、アーチ(「内輪」)、階段、窓、ドアの開口部の下部。

粗面、粗目(tooth)　ペイントやプラスター、染料の付きをよくする表面の凹凸。

象嵌(marquetry)　バックギャモン盤やクローゼットのドアに見られるような、彩色した薄板の小片をはめ込んで作った絵もしくは模様。

造作(joinery)　ドアや窓、階段などに用いられる細かい木工細工。

た

耐熱エナメル(stove enamel)　工場で、金属器にポリエステル粉体を焼き付け塗装する仕上げ。

縦糸(warp)　ファブリックの長い方向に伸びるよう織機に張られる糸。「横糸」も参照。

縦溝、フルート(flute)　柱または柱形の柱身に刻まれた縦の溝。

ダイス型(die)　彫版したスタンプで、シート材にデザインを型押ししたり透かしを入れたりするのに用いる。

大理石塗装、マーブリング(marbleized)　大理石の模様を模してペイントしたり着色を施すこと。

抱き(reveal)　ドアや窓などの開口部の側面部。

弾性限度(elastic bending movement)　曲げられた時に金属が原形に戻る限界点のことで、ここを過ぎると変形する。

段鼻、ノージング(nosing)　摩耗しにくくする、または滑らかに見栄えよくする目的で、板や棚、階段段板のむき出しになった縁に取り付けた、またはそこに取り付けるための丈夫な細い板材。

柱頭、キャピタル(capital)　柱(カラム)または柱形(ピラスター)の、装飾を施した頭部。

チンキング材(chinking)　米国やカナダなどのログキャビンで、ログ材同士の隙間を埋める材料。石膏や土がベース。

底石(hardcore)　コンクリート基礎や舗装の下に敷き固めて堅固な土台にするのに使われる砕石。

手すり子(baluster)　旋盤仕上げを施したような円形の断面を持つ、手すりを支える小柱。手すりと一連の手すり子を合わせた総称がbalustrade。

テセレーション、切りばめ(tessellated)　イタリアの教会に見られる大理石モザイク床を元にした、複雑な幾何学的床模様。

鉄筋(steel rebar)　コンクリート内に入れる鋼鉄製の強化材。コンクリートの引っ張り強度を高める。

ディステンパー(distemper)　水性のペイント。

デザインガラス(architectural glass)　特別な設置条件に合わせてデザインされたカスタムメイドの装飾ガラス製品。

陶砂、サイズ(size)　天然素材で作った糊で、紙や布に艶を出したり張りを出したりする。

透明フロートガラス(clear float glass)　溶融金属錫の上に溶かしたガラス素地を流して作る、表面が極めて平行かつ平滑で透明なガラス。

トラス(truss)　屋根や橋を支えるための三角に組んだ構造材。

トリム、回り縁(trim)　リノリウムやテラゾによる床仕上げの周辺ぞい、またはワークトップの水平面から奥の縁ぞいに隙間なく立ち上がるかえり。

ドーマー(dormer)　屋根側面に設けられた突起部分で、通常は窓がはめられている。

胴縁(furring)　仕上げ材を取り付ける下地にする板状の建材。

同調(エンボス)(in register)　2つの模様(片方がプリント模様でもう片方がエンボス模様のことが多い)が重なりあっていること。

な

鉛枠の窓(leaded light)　小さいガラス板を鉛板でつないで仕立てた窓。

ニッチ、壁龕(niche)　周囲に装飾を施した壁などのくぼみで、小さな装飾品やライトが置かれる。

認証(certification)　素材が持続可能な供給源から合法的に得られたものであることを証明すること。

根太、小梁(joist)　床や天井を支える構造材で、横に並べて架け渡される。

軒(eaves)　傾斜屋根で、外壁から張り出した部分。

は

歯飾り(dentilled)　クラウンモールディングに施す装飾で、古代ギリシャのイオニア式に基づく、直方体が規則的に並んだ歯形の模様。軒から屋根構造が見える建築的特徴を模したもの。

薄膜、フィルム(film)　透明プラスチックまたはオイルの薄い皮膜。特に記述がなければ表面仕上げのこと。

柱形、ピラスター(pilaster)　壁面から半面突き出した柱。

白華(efflorescence)　レンガ表面に吹き出した粉状の白い塩類。水分が積みレンガの中を移動することで発生する。

幅木(baseboard)　壁基部の仕上げとして取り付けられる平らな板。上部にモールドが施されていることも多い。

半円筒ボールト、樽形穹窿(きゅうりゅう)(barrel vault)　半分に切った樽を横に伏せたような、半円形の天井。

バイナルサイディング(vinyl siding)　熱可塑性プラスチック製の壁用外装材で、木製の合いじゃくり板や下見板のように見える。

バフかけ(buff)　素材の表面を磨いて光沢仕上げにすること。バフはレンガでは粘土の淡黄色がかったベージュ色を指す。

パーマネントプレス加工布(perma-press)　ポリエステルを混紡して作られるファブリックで、洗濯機で洗ってもしわのないプレスしたような状態を保つ。

パイル(pile)　カーペットやベルベットなどに見られる、表面上に突き出した毛羽。

パラペット(parapet) 建物の屋根の外周部に作られた立ち上がり部分。

広幅織りカーペット(broadloom) 1.8m以上の幅で織られたカーペット。4〜5m幅のロール巻で販売され、部屋の床全面をおおうカーペットとして利用される。

ピクチャーレール(picture rail) 壁面上部に取り付ける水平のモールディングで、絵などを掛ける。

複合材(composite) 複数の素材を含む材料。

フラッシュ(flashed) タイルについた焦げ跡による彩色効果。表面上で黒から茶色にグラデーションする。

フリーズ(frieze) 壁のクラウンモールディングとピクチャーレールに挟まれた、装飾を施してある部分。

プライマー、下塗り材(primer) 仕上げ処理の付きをよくするために用いられる表面処理材。

プレート(plate) 家具などの表面に取り付けられる金属素材。

プレラミネート(prelaminated) 工場などの加工条件下で熱と圧力をかけて接着してあること。

ペディメント(pediment) 古代建築の屋根に見られる、水平および斜めになったクラウンモールディングに囲まれた3角形の妻部分。無地のものも、バスレリーフで装飾したものもある。

ホーロー(vitreous enamel) 金属やガラスなどの素材にガラスパウダーと顔料を吹きつけ、焼成・融解させて作る仕上げ。

ホウ砂(borax) ミルクベースのペイントや糊料の接着力を高めるために使われるアルカリ化学薬品。毒性があり、砂糖と混ぜて殺鼠によく用いられる。

保存文書用紙、中性紙(archival paper) 絵画の台紙や、芸術作品または写真の保護・保管のために使われる無酸紙。

骨組み(carcassing) クローゼットやキャビネットの内側や頭部・基部部分、さらに仕上げ材でカバーして用いられる。

ま

マイラー樹脂(mylar) 花を包むのに用いる透明または銀色のフィルム(クリアー)、および風船やクッキーなどの包装に使われるフィルム(シルバー)。

マリオン、中方立て(mullion) 木でできた窓の縦仕切り。

丸面、ブルノーズ(bullnose) 棚やトリムの前面の角が半円形になっていること。

目地仕上げ材(pointing) レンガやブロックを接着するセメントモルタル。

メダリオン(medallion) 石膏を成型して作る天井飾りで、放射状の模様がついている。中央からペンダントライトを下げることが多い。

面取り(chamfer) 木板の縁を45度の角度でわずかにそぐこと。面取りすることで鋭利な角を丸めるとともに洗練された印象を与える。

モアレ、モアール(moiré) 色合いはそのままに波紋のような模様をつけたファブリックや壁紙。

や

焼き鈍し(annealed) 赤熱するまで熱し、ごくゆっくりと冷まして表面特性をコントロールする方法。

床用防音材(acoustic underlay) 床仕上げ材の下に敷く防音材で、空気中を伝播する音や衝撃音を吸収する素材からできている。硬軟両方の防音材がある。

養生(cure) 液状のものを硬化させる過程を取ること。

横糸(weft) 杼(シャトル)に巻いておき、縦糸をぬうように織物の両耳の間を行き来させる糸。

横線(shute) 金属布やメッシュの横糸。

ら

卵鏃文様(egg-and-dart) クラウンモールディングに用いる模様で、モールディングに沿って卵形と下を向いた鋭い矢じり形が交互に繰り返し並ぶもの。

ルーシュ(ruched) ゆったりとプリーツやひだを取ること。

ルーター加工(routered) 機械でえぐり加工をすること。

ルスティカ(rusticated) 石面を粗く凹凸加工し、目地部を深くくぼませたルネッサンス様式。建物下層部分の外壁の表面仕上げに用いられる。

レイド線(laid) 紙の細かい横畝の目。

レンダリング(render) テクスチャー仕上げにすること(主に英国)。「セメントレンダリング(日本では「モルタル」)」なら、表面にセメントを塗って滑らかな、またはテクスチャー/スタンプ仕上げにすること。

わ

割肌(riven) 割った石に特徴的なテクスチャー(スレートタイルの表面に似ている)で、滑らかな斜めの縞模様がある。

亜鉛メッキ(galvanized) 溶融亜鉛に浸して施す非腐食性仕上げ。

索引

あ
亜鉛　83
　カバー・保護材　65, 83
　メッキ　69, 83
アクリル（ファブリック）　101, 123
アクリル（プラスチック）　参照→「ポリカーボネート」
アセテート（ファブリック）　101
厚紙　141
亜麻仁油　185
アルミニウム　79
ウール　100, 105, 121
エポキシ樹脂　51
MDF（中密度繊維板）　35, 59
エラスタン　107
オイルクロス　49

か
カーテン
　ウール　105
　金属糸を織り込んだ　73
　コットン　103
　合成繊維　107
　デュピオン　113
　ネット　127
　プリント地　131
　レース　127
カーペット　117
　ウール　105
　シルク　113
　天然繊維　119
鏡　65, 93
家具
　アルミニウム　79
　屋外用　63, 67, 69, 79, 81, 97, 143, 221, 229
　木　11, 13, 15, 19
　化粧張り　37
　シートメタル（板金）　71
　集成材　25
　スランピングガラス　99
　パーティクルボード　21
　ヤナギ（ウィス）　33
花崗岩　192, 197
壁板・パネル
　アルミニウム　79
　MDF　35
　硬質繊維板　39
　コルク　31
　さねはぎ継ぎ板　17
　シートメタル　71
　スエード　161
　ヤナギ　33
壁掛け　109, 111, 115, 117, 121, 123, 125, 157, 159, 213
　135, 145, 147, 149
壁装材
　亜鉛　83
　壁紙　147
　スレート　217

石膏成型品　245
デュピオン　113
熱可塑性プラスチック　43
皮革　153
フェイクファー　123
フェルト　125
プリント地　131
壁用タイル
　ガラス　211
　コルク　31
　ステンレス　181
　石灰岩　195
　石膏成型品　245
　セラミック　169, 193, 205, 207, 213
　参照→「ガラス壁」「壁装材」
紙　132-149
　アート紙　137
　段ボール紙　143
　伝統的なハンドメイド紙　135
　ハンドメイド紙　133, 135, 145, 149
　包装紙　139
乾式壁用石膏ボード　239
ガラス　88-99
　エッチング　93, 95
　サンドブラスト　93, 95
　ステンドグラスとレディドグラス　95
　スランピング　99
　積層・合わせ　91
　タイル　211
　フロスト　93
　ブロック　97
　モザイク用テッセラ　211
ガラス壁　97, 99
キッチンカウンター　19, 21, 29, 59, 61, 75, 83, 197, 199, 211, 217, 219, 221, 227
キッチン用設備、ステンレス　81
キッチン用フード　75
キャラコ　103
キャンバス地　103
金属　64-87
　金属製ゴース　111
　金属製ファブリック　73
金と金箔　64, 87
牛革　159, 161
銀　65
グラスファイバー　57
化粧板、木材　15, 37
建築産業　8, 13, 21
　とアルミニウム　79
　と紙　133
　とスチール　65, 69
　と石材　192, 197, 199
　とセメント・コンクリート　218-219
　とプラスチック　41, 45
　とレンガ　215
コイア　119
硬材　10, 15

硬質繊維板　39
黒板ミート（ビニール製）　49
コットン　100, 103
　エスニック品の種類　115
　キテンゲ　115
　ゴース　111
コルク　31
コンクリート　218-225, 229
　打ち放しまたは仕上げ塗り　223, 235
　サンドブラスト　225
　スラブ　221
　と麦わら　233
　道具加工　225
　ブロック　229
ゴース　111
合板　19
ゴム　40, 47
　合成／天然　47
　熱可塑性　63

さ
サイザル　119
さねはぎ継ぎ板、木材　17
材木　参照→「木材」
シーグラス　119, 147
シートメタル、パンチ・ピアス加工　71
敷石舗装　231
シャワー付属品
　花崗岩　197
　ガラス　97
　スレート　217
　成型プラスチック　63
　石灰岩　195
　大理石　199
　銅　75
　ビニール　45
　参照→「セラミックタイル／タイル張り」
集成材　25
集積ブッチャーブロック　23
植物と植物繊維　119
シルク　100, 113
ゴース　111
真鍮　64-65, 77
ジャージー（ニット織物）　109
ジュート　119
スエード　161
スクリーン（間仕切り）　61, 71, 73, 77, 79, 91, 93, 95, 97, 105, 107, 111, 113, 125, 135, 137, 139, 145, 149
錫　64
スチール　65
　亜鉛メッキ　69
　高強度低合金鋼（HSLA）　69
　ステンレス　81
　耐候性鋼　69
　軟鋼　69
スチール製ネット　73
スパンデックス　101, 107

スレート　217
成型プラスチック　63
石材　192-193
タイル　193
積層材（プラスチック製シート）59
石灰岩・砂岩　192, 195
セメント　218-219
セラミックタイル／タイル張り
　　193, 200-209, 213
　エンコースティック　203
　幾何学模様　203
　クォーリー　201
　再生タイル　209
　スタンプ柄　213
　ハンドメイド　207
　マジョリカ　193
　ソリッド板　61

た
棚　15, 19, 21, 23, 29, 37, 59
大理石　192, 199
断熱・絶縁材
　ビニール　45
　フェルト　125
チュール　127
T＆G　参照→「さねはぎ継ぎ」
鉄　64-65, 67
テラゾ　227
デュピオン（シルク織り地）　113
トレリス　73
ドア
　エッチングガラス　93
　木　11, 13, 15, 33, 37
　硬質繊維板外装　39
　ステンドガラス　95
　スランピングガラス　99
　成型プラスチック　63
　積層ガラス　91
　ソリッド板　61
　ビニール　45
ドアノブ、真鍮製　77
銅　64, 75
板金　75
ワイヤと配線　75

な
ナイロン　63, 101, 107
鉛　85
　カバー材　65
　リキッドレッド　95
軟材　10, 13
ニス　163, 183
　クラックルグレーズ　191
ニット織物　109
ネットとネット製品　127
熱可塑性プラスチック　41, 43

は
張り地　103, 105, 115, 123, 129,
　　131, 155, 159, 161

バーのカウンター
　亜鉛　83
　ガラスタイル　211
　スレート　217
　積層ガラス　91
　石灰岩　95
バスルームのカウンター　29, 59, 61,
　　217
バックスプラッシュ　23, 29, 59, 75,
　　81, 83, 195, 197, 199, 207, 217,
　　227
パーティクルボード　21
　下地材　59
　メラミンコート　29
パイプ材と樋材
　亜鉛　83
　アルミニウム　79
　成型プラスチック　63
　鉛　85
　ビニール　45
パイプと配管
　真鍮　77
　成型プラスチック　63
　銅　75
　鉛　85
皮革　150-151, 153
　エンボス／型押し加工　155
皮革と獣皮　150-161
ビニール　43, 45, 63
PVC　参照→「ビニール」
ファブリック100-131
　エスニック模様　115
　プリント地　131
フィルム（メタリック仕上げ）　139
フェイクファー　107, 123
フェルトと製法　121, 125
フェンスとフェンス材　57, 63
複合木材　19-29, 35, 39
布団地（コットンファブリック）　103
フリース　121, 151, 157
ブッチャーブロック　23
ブレード・リボン・バンド　129
プールのライナー　45, 57
プラスターとプラスター製品　236-247
　クラウンモールディング　237, 247
　石膏ボード　237, 239
　メダリオン　247
プラスチック　41-45, 49, 55, 59-63
ベッドリネン
　コットン製　103
　プリント地　131
ベネチアンプラスター　243
ベルベット　113
ペイント　162-181, 186-191
　オーガニック　181
　屋外の金属面用　179
　屋外用グロスペイント　171
　家電用　165
　クラックルグレーズ　191
　セラミックタイル用　169

内壁用　189
ハイグロスのエナメル塗料　173
ハンドメイド　187
PVA　189
ミルクペイント　175
メラミン用　167
木材面用　175
床用　177
ヨット用エナメル塗料　179
ポリエステル　43, 101, 107
ポリエチレン　63
ポリカーボネート（アクリル）　43, 63
　透明　55

ま
窓ガラス　88, 91, 93, 95, 99
窓枠
　木　11, 13, 15
　成型プラスチック　63
　PVC　45
メラミン化粧板　29, 59
毛布　103, 105, 109, 157
木材　10-17, 31-33, 37

や
ヤナギ　33
UPVC（硬質ポリ塩化ビニール）
　参照→「ビニール」
床仕上げ材
　植物繊維製　119
　熱可塑性プラスチック　43, 45
　皮革　151, 153
　リノリウム　53
　参照→「カーペット」
床張り材
　ガラス　93
　木　15, 17, 27
　コルク　31
　ゴム　47
　さねはぎ継ぎ　17, 19, 27
　敷石　231
　スレート　217
　積層材　27
　石灰岩　195
　セラミックタイル　201, 203, 205
　テラゾ　227
　パーティクルボード　19
　ビニール　45
　レンガ　215

ら
ラグ　113, 117, 121, 151, 157,
　　161
リネン　100
リノリウム　53
リボン・ブレード・バンド129
レーヨン　100, 107
レンガとレンガ積み　215

INTERIOR MATERIALS & SURFACES
インテリア材料活用
ハンドブック

発　　行　　2005年9月24日
本体価格　2,400円
発 行 者　　平野　陽三
発 行 所　　産調出版株式会社
〒169-0074 東京都新宿区北新宿3-14-8
TEL.03(3363)9221　FAX.03(3366)3503
http://www.gaiajapan.co.jp

Copyright SUNCHOH SHUPPAN INC. JAPAN2005
ISBN 4-88282-446-9 C3052

著　者：ヘレン・バウアーズ(Helen Bowers)
　　　　カナダの建築家。彼女はRIBAのメンバーであり、家庭の中で使用する上で適当なマテリアルについての博学な知識を持っている。Bowers Fine Architectureとして1994年来、個人で開業している。

翻訳者：鈴木　宏子（すずき　ひろこ）
　　　　東北学院大学文学部英文学科卒業。訳書に『ナチュラルハウスマニュアル』『住まいのライティング』『住まいの照明』『カラーセラピー』（いずれも産調出版）など。

落丁本・乱丁本はお取り替えいたします。
本書を許可なく複製することは、かたくお断わりします。
Printed and bound in China

産調出版の関連書籍

住宅設計のマテリアル
素材の持つ機能性を活かす
ファッショナブルなホーム・デザイン

エリザベス・ウィルハイド 著

インテリア・コーディネートのためのユニークな百科。素材の魅力を美しい写真で満喫しながら正しい知識を得ることによって、自由な発想、幅広い選択、適切な組み合わせが可能となる。

本体価格 3,900円

床材フロアマテリアル
床材料の選定と仕上げ施工の為の
完全設計・施工ガイド

デニス・ジェフリーズ 著
本橋健司 監修

美しいカラー写真とイラストで、豊富な仕上げ例をやさしく、分かり易く解説。興味のある個人や新人の方にも充分活用可能。

本体価格 3,300円

インテリアカラーバイブル
室内カラーの選択を、正確に創造できる
ガイドの決定版

ケビン・マクラウド 著

最新のヘキサクローム6色刷りによって実現した700色、64タイプの室内カラー写真には目をうばわれる。設計者、建築家、学生、工芸家、アーティスト、色のパワーに魅られたすべての人に。

本体価格 4,200円

Helen Bowers would like to thank the following people for their help:

Henry Bowers, Jennifer Bowers, Caroline Ball, Gerry Judah, Julius Judah, Raphael Judah, Natasha Lomas,
Ilana Pearlman, Nicki Schmiegelow, Peggy Vance, Brenda Webster, Judy Wiseman